Notions critiques

de

Psychologie Médico-Sociale

Par

Le Dr RENÉ CHARON

PARIS

A. MALOINE, ÉDITEUR

25-27, RUE DE L'ÉCOLE-DE-MÉDECINE, 25-27

1911

Notions critiques
de
Psychologie Médico=Sociale

Notions critiques

de

Psychologie Médico-Sociale

Par

Le Dr RENÉ CHARON

PARIS

A. MALOINE, ÉDITEUR

25-27, RUE DE L'ÉCOLE-DE-MÉDECINE, 25-27

—

1914

AVANT-PROPOS

La médecine mentale, qu'on appelle encore psychologie morbide ou psychiatrie, est la moins connue, la plus méconnue aussi, de toutes les spécialités médicales, non seulement dans le public, mais encore dans le monde des praticiens et des étudiants.

Il faut s'en prendre à la résistance séculaire des préjugés et des traditions et surtout à la difficulté croissante d'aborder et de comprendre la littérature qui traite des maladies psychiques.

Les *Traités*, *Manuels* et *Précis* écrits par les maîtres de la Psychiatrie française contemporaine sont nombreux et excellents. Cependant, aux yeux du praticien surmené et de l'étudiant pressé, à qui trop souvent manque la pratique des cliniques spéciales, aux yeux aussi du psychologue curieux, mais étranger aux choses de la médecine, ils paraissent trop savants, trop abstraits, et la langue qu'ils parlent reste obscure aux débutants.

Et voilà ce qui nous a paru justifier et excuser ce petit livre qui vient après tant d'autres meilleurs. C'est un simple résumé de conférences faites à l'Ecole de Médecine d'Amiens, dans lequel on voudra bien ne voir qu'une introduction critique sans prétention à l'étude de la clinique et un premier guide dans la pratique médico-sociale des maladies mentales.

Notions critiques

de

Psychologie Médico-Sociale

DÉFINITIONS

En matière psychiatrique, la terminologie est particulièrement flottante et diverse. Les mots les plus couramment employés sont entendus par les auteurs et par les lecteurs avec des significations différentes et souvent opposées.

Pour être compris, il n'est pas inutile à chacun de préciser, autant qu'il est possible — bonnes ou mauvaises — l'étendue et la valeur de son verbe.

Nous dirons donc tout d'abord que :

LE PSYCHISME est un complexus fonctionnel de l'organe *cerveau*.

LES FACULTÉS PSYCHIQUES sont tous les processus fonctionnels, plus ou moins *isolables*, de ce psychisme.

L'ACTIVITÉ PSYCHIQUE est l'ensemble des diverses manifestations de la fonction psychique, *volontaires* ou *réflexes*, selon que la volonté ou la réflectivité prédomine dans leur déterminisme.

LA CONSCIENCE OU PSYCHISME SUPÉRIEUR, c'est l'ensemble fonctionnel des facultés psychiques, facultés conscientes qui travaillent *sous le contrôle* du moi et dont l'activité est de façon prédominante réglée par la *volonté*.

LA SUBCONSCIENCE OU PSYCHISME INFÉRIEUR, est l'ensemble fonctionnel des facultés psychiques, facultés subconscientes, qui travaillent *hors le contrôle* du moi et dont l'activité est de façon prédominante produite par la *réflectivité*.

LE CARACTÈRE est la manière d'être et de réagir des facultés conscientes, *synthèse du psychisme conscient*, les principales facultés conscientes étant la perception, la mémoire, l'idéation, le raisonnement, l'attention, la réflexion, l'imagination, le jugement et la volonté.

LE TEMPÉRAMENT, c'est la manière d'être et de réagir des facultés subconscientes, *synthèse du psychisme subconscient*, les principales facultés subconscientes étant l'instinctivité, l'émotivité et l'affectivité (sentiments).

LA CAPACITÉ PSYCHIQUE, c'est l'équation personnelle du psychisme, fixant pour chaque individu la valeur quantitative, qualitative et statique de ce psychisme.

LA CAPACITÉ DE DÉTERMINATION, c'est l'équation personnelle de l'activité psychique fixant pour chaque individu la valeur de son discernement et de son jugement *dans l'exécution* de l'acte.

C'est de la valeur de ce discernement et de ce jugement, appréciée médicalement, que le juge déduit la *responsabilité* ou *l'irresponsabilité* légale de l'individu.

LES PSYCHOPATHIES OU ÉTATS PSYCHOPATHIQUES, ce sont les maladies *généralisées* qui touchent à la fois toutes les facultés psychiques.

LES PSYCHOSES OU ÉTATS PSYCHOSIQUES sont les maladies *partielles* qui ne touchent qu'une partie des facultés psychiques.

LES ÉTATS MIXTES sont des psychopathies ou des psychoses caractérisées par un mélange ou une succession *chez le même sujet* de troubles psychiques généralisés ou partiels de *formes différentes*.

LES AMENCES OU ÉTATS AMENTIELS sont les infirmités psychiques *congénitales* ou évolutives.

LES DÉMENCES OU ÉTATS DÉMENTIELS, sont les infirmités psychiques *acquises* ou involutives.

CHAPITRE PREMIER

Notions générales

I. — Critique historique

HISTORIQUE. — Vraisemblablement il y a des maladies psychiques depuis aussi longtemps qu'il « y a des hommes et qui pensent ». Mais la médecine de l'esprit, la psychiatrie, comme toutes les spécialités médicales, commence dans l'histoire avec *Hippocrate* qui, quatre siècles avant Jésus-Christ, décrivait sous le nom de *phrénésies* les plus communes des psychopathies généralisées et s'efforçait déjà d'arracher les *aliénés* aux incantations des prêtres, pour les soumettre à l'ellébore et à la camisole de bois.

Le *père de la Médecine* ne paraît pas avoir fait d'élèves immédiats et il faut arriver au cœur de la période gréco-latine pour voir la médecine mentale reprendre place dans les œuvres médicales. Au premier siècle de notre ère, c'est *Arétée* qui expose avec exactitude les grands symptômes de la manie et de la mélancolie et fait les premiers essais connus de thérapeutique. Plus tard, c'est *Cœlius Aurelianus* qui, véritable père du « no restraint », s'élève contre l'abus des mesures de coercition à l'égard des aliénés, et puis *Galien* qui divise les folies en *idiopathiques* et *symptomatiques*, premier jalon d'une classification qui est encore d'actualité.

A la suite de la *Médecine galénique*, la psychiatrie s'obscurcit dans les commentaires embrouillés de l'*Ecole arabe* et, pendant tout le moyen âge, elle disparaît tout à fait dans les pratiques d'une alchimie puérile et d'un mysticisme féroce. Le despotisme religieux et le fétichisme monastique favorisent le développement de la folie qui se propage sous la forme de véritables épidémies, et, par une de ces ironies grégaires qui déroutent la raison, ce sont les moines eux-mêmes qui, par l'intermédiaire complaisant du bras séculier, se chargent de morceler dans la torture ou de brûler sur le bûcher les malheureux aliénés. C'est à la fin de la Renaissance seulement qu'avec le retour de l'esprit de discussion reparaît l'observation médicale. *Vieussens*, *Bœrhave* et *Zacchias* publient des descriptions nosologiques et des considérations médico-légales sur toutes les formes de *folies* observées alors. Plus tard *Sauvages* écrit sous le nom de *vésanies* un chapitre qui mérite d'être tenu pour le premier traité des maladies psychiques.

Dans le courant du xviiie siècle, la psychiatrie, jusqu'alors simplement doctrinale, s'ouvre aux préoccupations pratiques. L'assistance se discute dans les Parlements, et des ordonnances royales créent des hospices spéciaux pour les aliénés. L'histoire des *Petites Maisons*, de la *Salpêtrière* et de *Bicêtre*, où l'on venait curieusement le dimanche chercher le frisson dans le spectacle des fous enchaînés et murés, nous donne une idée de ce qu'étaient cette assistance et ces hospices.

Avec le geste historique de *Pinel* et aussi avec son *Traité de la Manie*, commence la psychiatrie contemporaine. *Esquirol* vient ensuite, qui fait bâtir les premiers asiles, découvre les psychoses partielles sous le nom de *monomanies*, et prépare la loi de 1838 sur le régime des aliénés.

A la suite de cet illustre *père* de la psychiatrie se succèdent sans interruption les maîtres célèbres qui ont en France éclairé tout le xix° siècle et rayonné sur le monde entier, les *Falret, Ferrus, Foville, Calmeil, Voisin, Baillarger, Lasègue, Morel, Charcot...*

Les idées modernes en psychiatrie et en matière d'assistance des aliénés sont nées, comme beaucoup d'autres, de la Révolution française et ces idées se sont propagées très rapidement à l'étranger. *Tuke* en Angleterre et *Heinroth* en Allemagne furent les premiers champions d'un progrès qui, poursuivi dans tous les pays d'Europe par les *Rusch, Camper, Griensenger, Jacobi, Kraff-Ebing, Guislain, Chiaruzi, Verga, Korsakoff, Ingels* et bien d'autres, nous a aujourd'hui dépassé sur plus d'un point.

LÉGISLATION ET ASSISTANCE. — Le régime et l'assistance des aliénés sont actuellement fixés par la loi du 30 juin 1838 qui continue à résister aux coups répétés dont on l'accable depuis plus de quarante ans.

Cette loi, complétée par l'ordonnance de 1839, oblige les départements à traiter les aliénés *dangereux* dans des établissements spéciaux. A cet effet, elle donne pouvoir aux préfets d'ordonner d'office l'internement de tout aliéné reconnu dangereux par un certificat médical circonstancié et appuyé d'une enquête de police ; de plus elle autorise l'internement dans des quartiers spéciaux des asiles publics et dans les maisons de santé privées dûment déclarées et soumises au contrôle administratif, des aliénés dont le placement est demandé par les familles, sur production d'un certificat médical également circonstancié.

Cette disposition fondamentale apparaît comme si logique et si nécessaire qu'aucun réformateur n'a pu jusqu'à ce jour en trouver de meilleure et qu'elle reste, malgré des interventions judiciaires ultérieures, comme la pierre angulaire de tous les projets de réforme législative qui ont été proposés depuis vingt-cinq ans.

Mais il faut compter avec la possibilité des erreurs et des fautes professionnelles, avec la complicité ou la complaisance des détenteurs de l'autorité, et c'en est assez pour avoir fait naître et grandir ce fantôme de la séquestration arbitraire qui, à la faveur de l'ignorance et des préjugés populaires, avec le concours de la presse aboyeuse de toutes les couleurs, est devenu, selon les besoins et les circonstances, un des meilleurs instruments de chantage ou de battage des temps modernes.

Et, comme en définitive c'est toujours le médecin qui est, et qui seul peut être la cause efficiente de l'internement, qu'en toute occasion le pouvoir administratif à tous les degrés ne manque pas de se décharger sur lui de ses responsabilités, la méfiance contre le médecin est devenue comme la base naturelle de toutes les revendications soi-disant populaires et de tous les essais de réforme du régime légal des aliénés.

C'est ainsi qu'on peut voir le dernier projet législatif, mûri pendant quinze ans dans la poussière des cartons parlementaires, voté presque sans discussion à la fin de 1907 par la Chambre des députés et actuellement pendant devant le Sénat, proclamer tout d'abord que les aliénés sont des malades, qu'ils doivent être traités comme tels et par tels moyens qui conviennent, et édifier ensuite tout un attirail de complications juridiques et administratives qui sont la *négation* même de l'idée de maladie, qui apparaissent comme excessives ou inapplicables, et qui se hérissent contre les tiers, particulièrement contre le médecin, de rodomontades et de menaces stupéfiantes. Si bien que, si l'on a pu dire que ce projet de réforme de la loi de 1838 était *antimédical,* c'est non seulement parce qu'il est dirigé contre le médecin, mais surtout parce qu'il est *contraire à l'intérêt des malades*. Son application aurait, en effet, pour résultat certain de contrarier, de retarder et même dans certains cas d'empêcher le traitement des malades frappés de psychopathie, aussi bien dans les asiles que dans les maisons de santé privées. Faite dans l'esprit trop exclusif de s'opposer à la séquestration dite arbitraire, elle serait en fait le moyen le plus sûr de favoriser la séquestration familiale qui est la pire de toutes.

Et c'est un étonnement, aussi bien pour la masse des profanes que pour les initiés, de voir qu'au milieu des insuffisances, des lacunes, des inutilités, des contradictions et des impossibilités humaines dont fourmille le projet de loi nouvellement présenté par le Sénat, un seul point a eu l'honneur d'une véritable discussion... et c'est celui de savoir s'il y aura ou non un *concours spécial* pour le recrutement du personnel médical des *asiles de la Seine*.

Il ne faudrait pas que le discrédit systématique dont est frappé la statistique fermât la porte aux enseignements nécessaires. Est-ce qu'au lieu de raisons qui ne sont que des moyens personnels, il ne serait pas beaucoup plus simple et plus logique, de s'en rapporter à une enquête comparative et impartiale sur les résultats médicaux et économiques obtenus dans les divers asiles de France. Ne pourrait-on pas au moins s'assurer que dans les asiles de la Seine les médecins issus du *Concours spécial* guérissent plus de malades que les autres médecins ?

Qu'on le veuille ou non, et quoi qu'on fasse, dans le régime légal dit *des aliénés*, le traitement des malades, la liberté individuelle et la défense sociale n'auront pas d'autre palladium que la science et la conscience des médecins, et ce n'est pas par l'ingérence du pouvoir judiciaire et les menaces de répression, ni même par la création de nouveaux concours, que les garanties en seront augmentées, mais seulement par une éducation *psychiatrique obligatoire* des étudiants, par la transformation des établissements hospitaliers publics, par le contrôle rigoureux des maisons de santé privées, et aussi par une *éducation populaire* plus complète.

LE RÉGIME DES ALIÉNÉS. — Est-ce à dire que la législation actuelle et les organisations qu'elle a produites sont parfaites et que leurs détracteurs ont tout à fait tort ? Non, sans doute.

Autant, et plus, qu'une loi d'assistance, la loi de 1838 a voulu être une loi de police. Mais, insuffisamment impérative et catégorique, elle a, dans son ambiguïté, favorisé peu à peu la formation, sans ordre et sans méthode, au lieu d'hôpitaux et d'hospices spécialisés, d'établissements précaires et de dépôts interdépartementaux qui, sous le nom d'*asiles d'aliénés* se sont montrés généralement insuffisants, autant au point de vue médical et social, qu'au point de vue de la sécurité publique.

En survivant à l'application des lois nouvelles

sur l'assistance obligatoire aux malades, aux infirmes et aux vieillards, elle est devenue véritablement une loi d'exception, une loi arbitraire, puisque, ne s'appliquant qu'aux *aliénés dangereux*, elle a de fait privé du bénéfice de l'assistance les maladies mentales en général, lesquelles se trouvent aujourd'hui *les seules* qui ne soient pas assistées obligatoirement.

Il y a dans ces critiques, plus qu'il n'en faut pour montrer que la loi de 1838 est surannée et pour espérer que ses jours sont comptés. Mais, au lieu d'une *réfection*, ce qui nous apparaît comme logique et conforme à la fois à l'état des connaissances médicales et sociales du moment, c'est sa *suppression* pure et simple.

Si l'on est d'accord pour proclamer que les psychopathies sont des maladies et que les aliénés sont des malades, il faut admettre aussi que les aliénés doivent bénéficier des devoirs de solidarité qui sont dus à *tous les malades*, et que les psychopathies doivent prendre rang, comme *toutes les maladies*, dans le cadre de la biologie pathologique.

Donc, en tant qu'elle touche à l'assistance, la loi de 1838 devrait tout naturellement se fondre dans la législation qui règle l'assistance aux malades, aux vieillards et aux incurables, et, en ce qu'elle s'attache à la défense sociale, si l'on considère que l'aliéné dit dangereux n'est en fait pas plus redoutable pour la collectivité que le tuberculeux, le varioleux ou le syphilitique, beaucoup moins certainement que le cholérique contre lequel, sans loi spéciale, la collectivité cependant pratique d'office l'internement préventif, on est bien forcé de reconnaître qu'il n'y a aucune raison qui empêche la loi de 1838 de devenir un simple chapitre de la loi de *police sanitaire.*

Une loi à double effet ne peut être bonne ; en matière législative, il ne faut pas multiplier et découper les espèces ; il faut au contraire les réduire et les clarifier. La loi de 1838 a un vice initial qui n'a fait que s'aggraver avec l'émancipation progressive des idées, c'est d'être une loi de police et d'exception. Elle ne saurait être rendue que plus mauvaise encore par une réfection — si bien intentionnée soit-elle — ainsi que le montre le dernier projet voté par la Chambre des députés et modifié, mais non amélioré, par la Commission du Sénat.

En vérité, ce qu'imposent la logique et l'expérience, ce n'est pas la refonte de la loi de 1838, c'est sa suppression et son incorporation dans les lois d'assistance médicale et de police sanitaire.

On peut estimer que, dans les asiles publics, 10 à 15 °/₀ seulement des malades doivent, dans leur propre intérêt ou dans l'intérêt collectif, être maintenus *de force.* C'est à ceux-là seulement qu'il serait nécessaire d'appliquer la mesure administrative ou judiciaire *d'internement.* Tous les autres seraient simplement justiciables de la loi d'assistance médicale.

Quoi qu'il en soit de l'avenir législatif de cette

vieille question, il est suffisant et nécessaire que chacun sache bien que demain, comme aujourd'hui, le placement de tout aliéné, dans une maison de santé publique ou privée, son *internement*, puisqu'il faut l'appeler par son nom, n'aura pas d'autre critère que le certificat médical. Le praticien ne s'y prendra jamais trop tôt pour méditer sur la gravité de ce certificat, aussi bien au point de vue de l'intérêt médical et moral du malade et de la défense sociale, qu'au point de vue de son *propre* intérêt.

II. — Pratique médicale

STATISTIQUE. — On s'accorde à dire que les maladies mentales sont de plus en plus fréquentes, mais on n'est pas bien fixé sur l'importance et la marche de ce mouvement progressif.

En 1838 des statistiques officielles établissaient qu'il y avait en France 12.000 aliénés internés dans une centaine d'établissements de tout ordre. En 1874 une enquête des Inspecteurs généraux du ministère de l'Intérieur indiquait que, par suite de l'exécution de la loi, les établissements spéciaux s'étaient modifiés mais sans que leur nombre se fût notablement augmenté, qu'ils renfermaient 42.000 malades et qu'on pouvait estimer à 87.000 le nombre total des aliénés de toutes catégories, internés et non internés.

A l'heure actuelle 80 établissements, dans 67 départements, sont affectés à l'assistance publique des aliénés, dont 15 maisons privées, 15 quartiers d'hospices communaux recevant des malades au compte des départements et 50 asiles départementaux. Dans le Nord, les Bouches-du-Rhône, la Seine-Inférieure et la Gironde il existe deux asiles. Le département de la Seine en compte six, mais comme il produit proportionnellement deux fois plus d'aliénés que tous les autres, il exporte la moitié de ses malades dans les établissements de province où ils sont une cause d'encombrement déplorable. 40 départements seulement sont donc parvenus, après trois-quarts de siècle, à réaliser l'assistance des aliénés telle que l'avait prévue dans son esprit la loi de 1838. Il en résulte que plus de la moitié des asiles départementaux ne sont pas, à proprement parler, des établissements hospitaliers, mais bien de vastes *renfermeries* interdépartementales dont l'organisation défectueuse a discrédité justement notre régime d'assistance publique.

On peut évaluer aujourd'hui à 80.000 le nombre des aliénés internés et à un chiffre à peu près égal le nombre de ceux qui ne sont pas internés. Ce serait donc à plus de 150.000 malades que s'appliquerait la spécialité psychiatrique.

La progression du nombre des aliénés est peut-être plus apparente que réelle car, s'il est vrai que les facteurs les plus certains des maladies psychiques sont, du fait du progrès, en augmentation continue, comme les intoxications et le surmenage, il est vrai aussi que certains autres facteurs, ceux par exemple qui tiennent aux maladies évitables, aux mauvaises conditions de l'hygiène, sont en décroissance régulière et que, d'autre part, si les aliénés apparaissent toujours comme plus nombreux, c'est qu'on les connaît mieux et qu'en dépit de tous les obstacles que les préjugés et les formes administratives opposent à leur traitement rationnel, on les soigne et on les hospitalise plus volontiers.

Quoi qu'il en soit, ces 150.000 malades, sans compter ceux, plus nombreux encore, qui restent dans la circulation commune et peuplent les frontières indécises de la folie, ont passé, passent ou passeront par les mains des médecins de la ville ou de la campagne qui, une fois au moins, disposeront de leur santé, de leur liberté, des intérêts moraux et matériels de leurs familles et aussi de ceux de la collectivité plus ou moins menacée. Il n'y a point certainement, dans la profession médicale, de rôle qui soit plus chargé de devoirs et de responsabilités et qui exige plus de connaissances, de sang-froid, de dévouement et de prudence.

C'est ce qu'on a compris depuis longtemps à l'étranger, notamment dans les pays du Nord, où l'enseignement psychiatrique fonctionne activement dans tous les centres universitaires et où la plupart des hôpitaux d'aliénés sont devenus de véritables écoles de clinique mentale. En France, où cet enseignement est encore facultatif et peu répandu, la mesure récente qui a inscrit la clinique psychiatrique au nombre des spécialités dont le stage est obligatoire, fera plus, sans doute, pour l'amélioration de l'assistance et du traitement des maladies mentales que tous les articles de loi.

Rôle du praticien. — Qu'il soit instruit ou non des choses de la psychiatrie, tout praticien est exposé chaque jour à se trouver en présence d'un malade dit aliéné, au sujet duquel il devra, sans différer, établir un diagnostic, déduire un pronostic et formuler un traitement. Et cela généralement dans des circonstances troublées, souvent tragiques, dans une ambiance de contradictions, d'incohérences, de conflits passionnels ou intéressés, dont il devra tirer des éléments d'appréciation et dont aussi il devra s'abstraire assez pour conserver intacte sa liberté de jugement.

Le plus souvent il sera appelé par des tiers, soit dans une famille aisée, soit dans une famille assistée, soit dans un poste de police, soit dans un service hospitalier. Il pourra aussi arriver — la chose est plus rare, car la « folie est une maladie qui s'ignore » — qu'il soit appelé par le malade lui-même.

C'est dans le premier cas que le rôle du praticien sera le plus délicat, qu'il devra se montrer particulièrement circonspect et d'autant plus que la situation sociale devant laquelle il se trouvera sera plus élevée. Là, quelque urgence qui apparaisse, quel-

ques sollicitations qui se manifestent, dans l'intérêt de tous (lui-même compris) le praticien n'aura
rien de mieux à faire, dans l'état actuel des choses, que de conseiller et au besoin d'exiger l'appel
en consultation d'un confrère autant que possible
spécialisé, avec qui il prendra toutes dispositions
utiles et avec qui — le cas échéant — il partagera
toutes responsabilités.

S'il s'agit d'un malade peu aisé, ou d'assistance,
ou d'hôpital, le médecin ne peut compter que sur
lui-même. Sa mission n'en est que plus délicate.
Il fera bien de pratiquer un examen physique et
psychique complet, de noter par écrit tous les
symptômes constatés, tous les détails rapportés, toutes indications sur les antécédents personnels et
héréditaires, sur les circonstances du début et sur
la marche de la maladie. On ne regrettera jamais
d'avoir soigneusement enregistré et conservé les
documents de cette nature.

En présence d'un vieillard turbulent, malpropre
ou même agité, on n'oubliera pas que les troubles
psychiques peuvent n'être que passagers et susceptibles de céder à quelques soins, à quelques séda-
tifs, et on se méfiera de la tendance trop facile de
l'entourage familial ou hospitalier à se séparer des
incommodes. Mais on se souviendra aussi que, d'une
façon générale, tout malade atteint d'un état psychopathique aigu, que tout malade chronique à
idées de destruction, quels que soient son âge et sa
situation sociale, ne saurait être traité, utilement

pour lui-même et pour les autres, que dans un asile ou une maison de santé.

Lorsqu'il sera appelé par le malade lui-même qui lui demandera conseil sur des troubles psychopathiques conscients et qui, par exemple, lui avouera des impulsions destructives, le médecin se trouvera devant un des cas les plus troublants de la pratique médicale, où se produit le conflit redoutable du secret professionnel et de la défense sociale. Il se souviendra utilement que le secret professionnel n'échappe pas plus que toutes choses humaines à l'infirmité du relatif, et qu'*au-dessus* même du secret professionnel il y a l'intérêt du malade. A l'expérience, il reconnaîtra que cet intérêt, qui est l'intérêt individuel, est toujours conforme à l'intérêt collectif, s'il est bien compris, si l'on sait le dégager des contingences étroites du moment..., et en toute occasion il emploiera toute son autorité morale à faire appliquer les mesures qui lui paraîtront utiles.

En toutes circonstances, il sera appelé à délivrer un certificat qui est le premier acte et le plus important d'une procédure de placement dans un établissement public ou privé du malade examiné, et qui portera tout le poids des conséquences bonnes ou mauvaises de ce placement.

La loi spécifie que ce certificat doit « constater l'état mental de la personne à placer, indiquer les particularités de sa maladie et la nécessité de la faire traiter dans un établissement d'aliénés et de l'y tenir enfermée ». Ces dispositions législatives procèdent sans doute de la meilleure intention, mais elles sont si malheureuses dans la lettre, qu'elles ont suffi, dès l'origine, à discréditer la loi et à déchaîner la suspicion sur le corps médical et l'administration.

Dans le langage psychiatrique, il ne doit plus y avoir de place pour les mots *aliénation, aliéné, folie, fou, incurable, internement, séquestration, enfermé, libéré*... dont l'interprétation favorise toutes les fantaisies et qui sont dénués de sens médical.

Il est *médical* de constater l'état mental de la personne examinée, d'indiquer les particularités de sa maladie, ses réactions dangereuses et la nécessité de la faire surveiller et traiter dans un établissement affecté aux maladies mentales, mais c'est tout ce qu'il est permis et utile de dire, et le praticien fera bien de s'abstenir d'indiquer — quant à la chose — qu'il s'agit d'un établissement d'*aliénés*, aussi bien que de déclarer — quant à la personne — qu'il faut l'y *tenir enfermée*.

La rédaction et l'écriture d'un certificat médical — surtout en matière psychiatrique — devraient toujours être faites avec soin et après réflexion. Il faut réagir énergiquement contre la tendance des médecins à considérer leurs certificats comme des documents sans importance. L'insuffisance de ces certificats, leur imprécision de fond, leur négligence de forme, livrées à la critique administrative ou judiciaire ou même confraternelle, peuvent être aussi dommageables à leurs auteurs mêmes, qu'aux malades qu'ils concernent.

Les besoins de la vie étant chaque jour plus impérieux, l'homme devient chaque jour plus expert à exploiter son semblable et le corps médical est devenu un terrain de choix pour cette exploitation moderne. Il faut, pour se défendre, être armé non seulement de science et de bonne volonté, mais aussi de savoir-faire et de prévoyance.

LE CERTIFICAT MÉDICAL. — Hormis le cas où le malade est à l'hôpital ou détenu, et où le médecin traitant ou requis peut et doit prendre l'initiative de l'internement près de l'administrateur ou de l'officier de police, le praticien ne doit tout d'abord que faire des prescriptions d'urgence et *conseiller* le placement dans une maison de santé, s'il le juge utile. Il n'établira un certificat que sur la demande formelle de la personne la plus autorisée (père, mère, époux, frère, sœur, tuteur ou ami à défaut de famille), et après s'être assuré de l'identité du malade et du requérant, qu'il désignera l'un et l'autre nominativement dans le préambule de son certificat.

Ensuite il décrira clairement et avec ordre les symptômes somatiques et psychiques, en se souvenant que l'ensemble des moyens d'investigation qui constitue *l'examen médical* comporte le *contact* avec le malade et que le médecin qui certifie un état d'agitation perçu au travers d'un vitrage, par exemple, tombe simplement sous le coup du Code pénal qui prévoit la faute lourde. C'est dire qu'en aucun cas, même dans l'intention généreuse de hâter l'application de moyens de traitement utiles au malade, même pour éviter un accident ou un malheur qu'on lui représente comme imminent, le médecin ne devra, sans avoir vu et palpé le malade, délivrer un certificat qui, au point de vue légal, ne serait qu'un certificat *de complaisance*.

Il exposera les symptômes et les réactions psychopathiques, tels qu'il aura pu les voir évoluer antérieurement, et tels qu'il les verra à son dernier examen. Il en déduira formellement le degré de nocuité pour le malade lui-même, pour son entourage ou pour la collectivité et conséquemment la nécessité de le surveiller et de le traiter dans un établissement spécial pour maladies mentales.

En matière de certificat pour maladie mentale, on ne saurait être trop réservé dans la recherche et le récit des commémoratifs. Il faut n'en rapporter que ce qui est nécessaire à l'explication de l'état actuel, employer la forme conditionnelle ou dubitative pour tout ce qui n'a pas été *vu* par le certificateur lui-même, ne désigner nominativement ni sous aucune forme transparente, *aucun tiers* quel qu'il soit, et ne pas oublier qu'un médecin qui, pour expliquer un état de dégénérescence, par exemple, déclare, en le désignant par son nom ou même simplement par sa qualité, qu'un ascendant

ou un collatéral est alcoolique ou débile, est con-
damnable à dommages-intérêts.

Quand, enfin, le médecin se sera souvenu que le
certificateur ne peut être parent du malade jusqu'au
troisième degré, que le certificat doit être établi
sur timbre pour tous les cas qui ne relèvent pas
de l'assistance gratuite, qu'il doit être daté en toutes lettres et que sa valeur est nulle après quinze
jours de date, il aura rempli sa mission de façon
correcte et utile.

Le certificat devra toujours être détaillé et mo-
tivé, c'est-à-dire qu'il ne devra pas être libellé
dans cette forme sommaire, tout à fait fâcheuse et
malheureusement fréquente :

« Je soussigné, certifie que M. X..., est atteint
d'aliénation mentale et qu'il y a lieu de l'interner
dans un établissement d'aliénés. »

A... 15. 6. 13.   Signé : illisible.

mais bien ainsi :

« Je soussigné (*prénom et nom*), docteur en mé-
« decine, demeurant à... (*rue et n° s'il y a lieu*), à
« la demande (*ou requête*) de... (*nom, prénom et
« qualité du tiers autorisé*), certifie avoir examiné
« ce jour (*en sa demeure ou à mon cabinet ou au-
« tre lieu*) M... (*nom, prénom, âge, profession,
« domicile*) et avoir constaté chez (*lui ou elle*) un
« état d'aliénation mentale caractérisé par... (*des-
« cription des troubles de la physionomie et de*

« *l'attitude, des facultés conscientes et subcon-*
« *scientes, de l'activité générale*).

« L'examen physique de M... révèle en outre
« (*ou ne révèle pas*) des troubles organiques indi-
« quant (*description des maladies ou lésions orga-*
« *niques diagnostiquées*) et permet de constater
« l'existence de (*description et siège des plaies, ec-*
« *chymoses...*) paraissant remonter à... et provenir
« de...

« D'après les renseignements fournis par M. M.
« (*personnes qualifiées*), la maladie de M... aurait
« débuté il y a... à la suite de... Elle présente ac-
« tuellement les caractères ou d'un état psycho-
« pathique généralisé à forme (*maniaque, lype-*
« *maniaque ou confusionnelle*) ou d'une psychose
« partielle à forme (*de persécution, ou de grandeur,*
« *ou d'hypochondrie*) ou d'un état amentiel (*débi-*
« *lité, imbécilité, idiotie*), ou d'un état démentiel
« (*précoce, sénile, terminal*).

« Cet état morbide comporte des réactions inco-
« hérentes, ou violentes, ou impulsives (*descrip-*
« *tion des paroles et des actes*) qui doivent être
« considérées comme dangereuses pour le malade
« lui-même ou pour les autres ; il nécessite un
« traitement dans un établissement spécialement
« affecté aux maladies mentales. »

A..... le (*jour, mois et année en toutes lettres*).

Signature.

III. — Psychopathologie générale

LE MÉCANISME ET L'ÉVOLUTION DU PSYCHISME. — Si l'on admet que, comme tous les autres organes, le cerveau est soumis aux lois de la biologie et si l'on appelle *psychisme* l'un des complexus fonctionnels de cet organe, on reconnaît par là même que les divers symptômes par lesquels se manifestent les maladies psychiques sont des troubles fonctionnels du cerveau.

L'état actuel de nos connaissances anatomo-physiologiques et le manque de fixité des symptômes constatés ne permettent pas une explication rigoureusement objective de ces troubles, mais il est possible de les rattacher à un mécanisme qui, s'il reste hypothétique pour une part, tend cependant à s'accorder de mieux en mieux avec les faits cliniques.

Le psychisme est un centre d'énergie dans lequel des matériaux — les uns déposés à la naissance par l'hérédité (*tendances ancestrales*), les autres pris au dehors pendant toute la vie (*sensations personnelles*) — sont soumis à des transformations incessantes et multiples et sont rendus au dehors sous la forme d'*activité*.

Depuis qu'à la naissance la première sensation a mis en action le premier instinct, les tendances et les sensations agissent les unes sur les autres, se pénètrent, se modifient, s'altèrent ou s'affinent dans un travail continu, avec ou sans le contrôle du *moi*, pour aboutir à des manifestations d'activité qui apparaissent, les unes comme plus ou moins conscientes et volontaires, les autres comme plus ou moins subconscientes ou réflexes.

De l'analyse de ces manifestations on déduit l'existence dans le psychisme de diverses fonctions plus ou moins isolables ou *facultés*, les unes plus ou moins conscientes (perception, mémoire, idéation, raisonnement, attention, réflexion, volonté), qui constituent le domaine mental proprement dit ou *psychisme supérieur*, les autres plus ou moins subconscientes (instinctivité, émotivité, affectivité), qui forment le *psychisme inférieur*.

CONSCIENCE ET SUBCONSCIENCE. — Ce qu'on appelle *conscience*, le moi conscient, n'est donc pas une faculté, dont le contraire serait l'*inconscience*, c'est le psychisme supérieur même, tandis que la subconscience, c'est proprement le psychisme inférieur. En fait, il n'y a pas plus de conscience qu'il n'y a d'absolu, et pas plus d'inconscience qu'il n'y a de néant dans le monde. Il n'est pas d'acte volontaire qui soit complètement conscient, pas d'acte réflexe qui soit tout à fait inconscient : il y a seulement des actes qui sont *plus ou moins conscients*.

Le produit du travail effectué dans le domaine du psychisme supérieur, de la conscience, c'est-à-dire des états les plus conscients, est vérifié par une faculté principale, la *volonté*, d'où il est projeté sous forme d'*actes volontaires*, tandis que le produit des transformations réalisées dans le psychisme inférieur ou subconscient est centralisé dans la *réflectivité* et se manifeste en *actes réflexes*.

On peut reconnaître à chacune des facultés psychiques deux valeurs différentes, l'une *qualitative*, l'autre *quantitative*. Lorsque ces valeurs ne peuvent être considérées comme normales ou moyennes, elles indiquent un état anormal ou pathologique. Chaque faculté psychique peut présenter, en quantité ou en qualité, des anomalies ou des troubles isolés, simultanés ou successifs. Un individu qui exprime une idée délirante est atteint d'un trouble *qualitatif* de l'idéation ; un autre, qui montre de la diminution ou de l'absence des idées est frappé d'un trouble *quantitatif* de l'idéation ; celui qui laisse voir à la fois les deux troubles est atteint de troubles *qualitatifs et quantitatifs* de l'idéation.

Caractère et tempérament. — Les facultés psychiques — normales, anormales ou pathologiques — présentent entre elles des connexions, des associations qui donnent naissance à nombre de produits mixtes ou intermédiaires sur la gamme indéfinie des états plus ou moins conscients, plus ou moins subconscients, et se manifestent, en fin de compte, par une échelle également indéfinie d'actes plus ou moins volontaires et plus ou moins réflexes. L'expression synthétique de ce psychisme est un état d'activité générale qui est propre à chaque individu et qui comporte deux termes : le CARACTÈRE, synthèse du psychisme conscient et le TEMPÉRAMENT, synthèse du psychisme subconscient.

CLASSEMENT DES ÉTATS PSYCHIQUES. — Si l'on examine, au point de vue de la valeur psychique de nombreuses séries d'individus, on peut les classer comme suit :

En haut de l'échelle ceux qui, par la qualité, la quantité et l'équilibre de leurs facultés, ont un état mental supérieur à la moyenne. Ce sont les *supérieurs* ou *surnormaux*, intellectuels ou moraux sentimentaux, selon que leur supériorité porte de façon prévalente sur les facultés conscientes intellectuelles ou sur les facultés subconscientes morales;

Au milieu de l'échelle se placent les plus nombreux, ceux dont la qualité et la quantité psychiques sont moyennes, dont l'équilibre est constant et que, pour cette raison, on appelle les *normaux* ou mieux les *moyens*.

Plus bas on trouve ceux, nombreux encore, dont l'état mental est, soit inférieur en qualité et en quantité à la moyenne normale, soit plus ou moins mal équilibré. Ce sont les *anormaux* qui eux-mêmes doivent être divisés en deux variétés très opposées : a) les *géniaux*, exceptionnellement rares, dont la caractéristique est l'hypertrophie de certaines facultés de la conscience ou de la subconscience, et qui sont intellectuels ou moraux, selon la localisation de prévalence hypertrophique ; b) les *subnormaux* dont les facultés sont, en quantité et en qualité, inférieures à la moyenne, et qu'on peut aussi diviser en intellectuels et moraux.

Enfin *au bas* de l'échelle sont ceux dont la qualité et la quantité psychiques présentent des troubles déterminés et pathologiques. Ce sont les psychopathes, parmi lesquels ceux qui sont insociables, ont reçu et conservent le qualificatif *aliénés*.

Echelle des états psychiques

Supérieurs ou *surnormaux*	{	Intellectuels ou mentaux. Moraux ou sentimentaux.
Moyens ou *normaux*.		
Anormaux {	géniaux {	Intellectuels ou mentaux, Moraux ou sentimentaux.
	subnormaux {	Intellectuels ou mentaux, Moraux ou sentimentaux.
Morbides {	Malades {	Généralisés ou psychopathes, Partiels ou psychosiques,
	Infirmes {	Congénitaux ou d'évolution, Acquis ou d'involution.

A ceux qui possèdent une qualité et une quantité moyennes de toutes les facultés psychiques avec un équilibre constant de toutes les réactions volontaires et réflexes, on attribue un caractère *normocentrique* et un tempérament *moyen*.

Les malades se classent d'après des syndromes cliniques différenciés.

Quant aux anormaux — géniaux, qui dans le temps infini et obscur jalonnent lumineusement l'évolution humaine, et subnormaux, dont la foule encombrante est la rançon et le frein du progrès, — ils se divisent en catégories très différentes.

LE CARACTÈRE EXCENTRIQUE. — Les uns sont excités, emballés, toujours prêts à se produire ; ils ont le rire bruyant, le geste large, abondant, excessif, le verbe haut, le visage vultueux et satisfait, la main souvent généreuse et la dent dure. Bien intentionnés, irréfléchis, maladroits, entraînants quand même, ils se projettent sans cesse hors de leur centre psychique : ils ont le *caractère excentrique*.

LE CARACTÈRE CONCENTRIQUE. — Il y en a qui sont effacés, déprimés, humbles, qui ne se reconnaissent d'importance que pour croire et proclamer qu'ils sont gênants ou nuisibles ; ils ont l'œil morne le visage triste, l'attitude ramassée ; ils ont du mépris pour eux-mêmes, du dégoût de toutes choses, ils évitent d'agir, de juger, ils se cachent et s'isolent, ils se recroquevillent sur leur centre psychique : ils ont le *caractère concentrique*.

LE CARACTÈRE ACENTRIQUE. — D'autres, ni déprimés ni excités, mais indécis, hésitants, voudraient agir, mais ne le peuvent pas, ils s'embrouillent

dans leurs projets, dans leurs idées ; leur physionomie est un mélange d'inquiétude et d'indifffé-
rence ; leur attitude est rigide, automatique ; ils
cherchent et se cherchent ; ils ont parfois des bouffées de projections troubles, des sortes de déchar-
ges subsconcientes ; leur psychisme est comme dis-
socié, décentré : ils ont le *caractère acentrique*.

LE CARACTÈRE EGOCENTRIQUE. — Enfin, certains
individus sont méfiants, toujours aux aguets ; ils
s'analysent et scrutent les autres à l'excès ; ils
s'épuisent à chercher le pourquoi et le comment
des choses les plus futiles, ramenant tout à leur
personne, à leurs actes, ratiocinant, discutaillant,
ou au contraire réticents et obscurs ; ils ont l'œil
inquiet, le regard flottant, la physionomie mobile,
l'attitude hostile : ils ont le *caractère égocentrique*.

Dans ces quatre caractères anormaux, on peut voir
les états anormaux, causes fondamentales des psychopathies et des psychoses qui constituent, comme
nous le verrons plus loin, toute la pathologie *franche* qualitative du psychisme, qui sont, à proprement parler, les maladies du caractère, et dont les
diverses modalités sont elles-mêmes en rapport avec
le tempérament, lequel peut être déterminé par ses
dominantes, instinctive, émotive, affective, passive
ou impulsive.

LES NÉVROSES. — Que la déroute des *névroses*
soit définitive ou non, dès aujourd'hui il ne peut

plus être question de *folies névrosiques*, mais seulement d'états psychopathiques ou psychosiques liés à des états névrosiques. Et, si l'on élimine la paralysie agitante, le goitre exophtalmique, la chorée, qui en vérité n'impriment pas aux troubles psychopathiques concomitants une allure spéciale, il ne reste, en fin de compte, que l'*hystérie* et l'*épilepsie* qui méritent une mention à part.

Pour l'épilepsie, nous verrons que tous les caractères cliniques qui ont été attribués à l'état mental des épileptiques relèvent de la confusion mentale, et, quant à l'hystérie, nous savons qu'elle peut présenter toutes les variétés les plus différentes de psychopathies ; il n'y a donc pas plus de folie hystérique que de folie épileptique. Il n'en est pas moins vrai qu'il y a et qu'il reste une *constitution hystérique*, ou, si l'on veut, *pithyatique*.

Le caractère polycentrique. — Tandis que chez les individus normaux, ou moyens, ou supérieurs, le psychisme subconscient reste, à l'état de veille, sous la dépendance plus ou moins étroite du psychisme conscient, il y en a chez qui l'inverse se produit, chez qui le psychisme conscient est constamment, ou d'une façon intermittente, complètement ou partiellement dirigé, dominé par le psychisme subsconscient, lequel est lui-même à la merci de l'auto ou de l'hétéro-suggestion. Le caractère intime de cette constitution psychique particulière, qui tient à des rapports anormaux des deux psychismes, est l'*hypersuggestibilité*; son caractère objectif est le *polymorphisme*. C'est là toute l'hystérie, considérée au point de vue psychique.

Les individus à constitution psycho-hystérique sont donc des anormaux qui présentent cette particularité de pouvoir manifester alternativement toutes les formes de caractères et tous les modes de tempéraments, et, par suite, de pouvoir passer par tous les états psychopathiques. Nous dirons qu'ils ont le *caractère polycentrique*.

NORMALITÉ ET ANORMALITÉ PSYCHIQUES. — On voit par là combien doit être difficile à établir en psychiatrie la notion de *normalité*. La norme psychique est virtuelle ; c'est un lieu géométrique insaisissable. L'état psychique dit normal n'est qu'un état moyen, reconnu plus ou moins nettement par la *consensus*, et qui occupe autour de ce lieu géométrique une zone concentrique, dont la limite est imprécise et soumise aux variations de l'observation relative.

Il n'est donc pas possible, quand il s'agit d'un complexus fonctionnel aussi ténu, aussi divers, aussi mobile que le psychisme, d'entrer directement du normal dans le pathologique. Entre le premier et le second, il y a quelque chose qui n'est pas seulement une frontière, mais un monde d'états inclassables et imprécis, qu'on ne peut tenir pour normaux, pour moyens, et auxquels le psychiatre est souvent aussi embarrassé de donner un nom que de prescrire un traitement.

C'est le monde où se meut la foule des individus
à caractères et à tempéraments anormaux, qui ne
relèvent pas — pas encore — de la médecine cu-
rative ou défensive, mais seulement, s'ils sont jeunes, d'une éducation spéciale, et s'ils sont évolués,
d'une hygiène appropriée et... de l'indulgence
collective. C'est la foule des prédisposés, des *anormaux psychiques*, à qui reste ouverte la vie sociale avec ses droits et ses responsabilités et à qui
il ne faut parfois qu'une occasion légère pour fran-
chir les portes de la pathologie et de la maison de
santé.

Parmi ces anormaux psychiques, il en est qui
manifestent plus spécialement des tendances antisociales. On les désigne actuellement par un nom
qui a eu, dans le monde et dans le peuple, le succès
qui va aux verbes sonores et imprécis, les *demi-
fous*. Cette expression est inexacte et dangereuse
par les interprétations qu'elle facilite, car il ne doit
pas y avoir plus de demi-fous ou de quarts de fous,
qu'il ne doit y avoir de demi-responsables ou de
quarts de responsables. La psychopathologie, pas
plus que la responsabilité, ne saurait être évaluée
en fractions ; il y a seulement des fous (ou mieux
des psychopathes) qui sont plus ou moins gravement atteints. Et ceux qui ne sont point normaux,
et qui ne peuvent être tenus pour fous (ou mieux
psychopathes) sont simplement des anormaux psychiques.

En analysant, dans les syndromes pathologiques,

les troubles fonctionnels de chacune des facultés psychiques, en les rapprochant des états psychiques antérieurs et des facteurs héréditaires et personnels, en les comparant aux diverses modifications physiologiques qui les accompagnent, on peut cependant établir, par analogie avec la méthode médicale ordinaire, un cadre complet de la psychopathologie générale et des parties qui la composent : *symptomatologie, étiologie* et *anatomie pathologique.*

Symptomatologie. — Dans la symptomatologie générale il y a lieu de considérer, d'une part les éléments morbides qualitatifs purement psychiques qui, sans rapports anatomiques appréciables, constituent toute la maladie, comme dans les psychopathies et dans les psychoses, ou qui s'ajoutent à titre d'épiphénomènes syndromiques aux infirmités psychiques, d'autre part les états morbides quantitatifs qui sont l'expression de lésions organiques déterminées, de processus pathologiques généraux, de vices d'organisation ou de processus de désorganisation, et qui se rencontrent surtout dans les infirmités psychiques.

Pour déterminer un état anormal ou pathologique, il est nécessaire d'étudier chacune des facultés psychiques au double point de vue de la *qualité* et de la *quantité*, et d'observer les rapports d'*équilibre* qui existent dans le jeu complexe de ces diverses facultés.

TROUBLES DE LA PERCEPTION. — On est ainsi amené à noter tout d'abord les troubles des fonctions synthétiques du caractère, qui sont l'aggravation des anomalies à forme excentrique, concentrique, acentrique, égocentrique et polycentrique, et les troubles du tempérament qui sont l'accentuation plus ou moins grave des formes anormales émotive, affective ou instinctive. Ces troubles se manifestent par *une physionomie* et *une attitude* particulières à chaque état mental pathologique.

TROUBLES DE LA CONSCIENCE. — En pénétrant plus intimement dans le psychisme, on peut analyser ensuite les symptômes d'anomalie ou les troubles morbides pour chacune des facultés qui se meuvent sous le contrôle du moi conscient, et passer en revue *les troubles de la perception* déficitaires ou déficients (diminution, faiblesse ou effacement des perceptions), les *illusions* qui sont des perceptions déformées, *les hallucinations* qui sont des perceptions sans objet, *les troubles de l'idéation* qui sont quantitatifs (faiblesse ou affaiblissement des idées) ou qualitatifs avec les délires (idées sans fondement) et les interprétations (idées déformées), *les troubles de la mémoire* (dysmnésies, paramnésies, amnésies), *les troubles du raisonnement* (faiblesse, diminution, absurdité, bizarrerie, paradoxe), *les troubles de l'attention, de la réflexion, de la volonté* (instabilité, distraction, hyperboulie, dysboulie, aboulie).

TROUBLES DE LA SUBCONSCIENCE. — On notera de même, pour chacune des facultés qui réagissent plus ou moins en dehors du contrôle du moi, dans la subconscience, les troubles pathologiques qui portent sur tout ou partie de ces facultés et qui se traduisent par du déficit ou de la déficience, ou par des *perversions* ou des *déviations* pour les instincts et les affections, ou des *obsessions* et des *impulsions* pour les émotions.

TROUBLES DE L'ACTIVITÉ. — Enfin et plus sûrement, on pourra classer et déterminer les anomalies et les troubles des diverses réactions générales par lesquelles s'objective le travail psychique interne, *agitation*, *dépression* ou *dissociation* de la motricité, du langage, de la mimique, de la réflectivité.

Mais souvent il arrivera que les deux ordres de troubles qualitatifs et quantitatifs, associés dans le même syndrome clinique, seront masqués les uns par les autres, incertains dans leurs rapports de chronologie et dans leurs conditions de début, et difficiles à différencier : il ne sera possible de les classer que d'après leurs *prédominances relatives*.

Les considérations qui précèdent conduisent à établir, comme suit, en partant du champ de l'anormalité, le tableau de la symptomatologie générale :

Résumé de symptomatologie générale

Anomalies du caractère { **Physionomie et attitudes** { 1° *Excentriques.* / 2° *Concentriques.* / 3° *Acentriques.* / 4° *Egocentriques.* / 5° *Polycentriques.*

Troubles de la perception { qualitatifs { **Illusions et Hallucinations** { *Sensorielles.* / *Cénesthésiques.* / *Motrices.* } quantitatifs : *Diminution, faiblesse ou suppression des perceptions.*

Troubles des facultés de la conscience {

— **de la mémoire** { Qualitatifs : *Chaos mémoriel, dysmnésies.* / Quantitatifs : *Amnésies, paramnésies, lacunes.*

— **de l'idéation** { Qualitatifs : *Interprétations fausses, idées délirantes.* / Quantitatifs : *Diminution, faiblesse, suppression des idées.*

— **du raisonnement** { Qualitatifs : *Bizarrerie, paradoxe.* / Quantitatifs : *Dissociation, absurdité, diminution.*

— **de la volonté** { Qualitatifs : *Mobilité, contradiction, disproportion.* / Quantitatifs : *Aboulie, diminution.*

Anomalies du tempérament : *Instinctif, émotif, affectif impulsif, passif.*

Troubles des facultés de la sub-conscience { de l'instinctivité : *Déviations, perversions, diminution, abolition.* / de l'émotivité : *Obsessions, impulsions, anxiété, stupeur.* / de l'affectivité : *Perversions, diminution, abolition.*

Troubles de l'activité générale { volontaire : *Dépression, excitation des actes, de la mimique, du langage.* / réflexe : *Diminution, exagération, explosion des actes réflexes.*

Etiologie et pathogénie. — La symptomatie générale est en rapport avec des causes multiples, *médiates* ou *immédiates*, dont la connaissance est aussi importante au point de vue sociologique qu'au point de vue médical.

Causes prédisposantes. — Les causes prédisposantes, sont *générales* quand elles tiennent aux conditions de race, de climat, de civilisation, ou *individuelles*, si elles découlent de l'hérédité et de l'éducation. Ces dernières causes sont les plus immédiates et importantes de toutes, si on les considère dans leur acception la plus large.

L'*hérédité pathologique* n'est pas seulement, en effet, la transmission directe des maladies mentales de l'ascendant au descendant, mais l'accumulation de toutes les tares qui préparent le terrain psychopathique : infections, intoxications, névroses, diathèses. *Simple, double, collatérale* ou *atavique* dans son origine, *similaire* ou *dissemblable*, selon qu'elle produit dans la descendance les mêmes formes morbides, ou des formes différentes, elle peut être *progressive* ou *régressive*, suivant que les manifestations vont en s'aggravant ou en s'atténuant de génération en génération.

Importance de l'éducation. — Pour si grande cependant que soit l'importance de l'hérédité dans la production des maladies mentales, il ne faudrait pas y voir la *cause unique*, ainsi qu'on est trop porté à le faire par ce temps de fatalisme inaverti.

Les forces héréditaires déposées dans le cerveau ne sont que des *forces latentes*, dont l'énergie ne peut être mise en route que par les *sensations*, lesquelles sont sous la dépendance des influences éducatrices et ambiantes, des conditions d'habitudes et d'entraînement. Le psychisme n'est, en fin de compte, que de la *sensation transformée*, de sorte qu'il se pourrait bien que les insuffisances, les défauts et les vices de l'éducation soient les véritables facteurs des maladies mentales : considération sérieuse au point de vue du traitement des anormaux psychiques et de la prophylaxie des psychopathies.

CAUSES OCCASIONNELLES. — Sur le terrain de la prédisposition héréditaire et acquise, vient influer la multitude des causes psychiques, physiologiques et pathologiques, qui peuvent aussi bien se rencontrer au départ de tous les processus morbides et qu'on appelle *occasionnelles*. Mais les causes occasionnelles n'ont pas en réalité l'importance effective qu'on leur attribue communément ; elles tirent surtout leur valeur du fond sur lequel elles se produisent, ce qui n'empêche pas, au reste, qu'en raison des rapports immédiats qu'elles affectent avec les symptômes cliniques, elles doivent prendre aux yeux du praticien un intérêt particulier, surtout comme indication de pronostic et de traitement d'urgence.

Le rôle occasionnel des états physiologiques et pathologiques est plutôt du domaine de la pathologie ordinaire, interne ou externe; ici nous avons à nous arrêter aux causes psychiques seulement. Elles se divisent en *intellectuelles* et *morales*, selon qu'elles tiennent à des altérations du psychisme conscient ou subconscient.

SURMENAGE. — Les premières se résument en un mot : *surmenage*. Ce mot n'implique pas l'idée d'une dépense de travail psychique absolu, mais seulement d'un rapport entre la dépense réelle et la capacité psychique. Chacun a une *capacité psychique* personnelle, dans les limites de laquelle doit fonctionner son psychisme. S'il s'efforce ou s'il est forcé de donner un travail supérieur à cette capacité, il est frappé de surmenage. Celui-ci est dit *scolaire* ou *professionnel*, selon qu'il se produit pendant la période d'éducation évolutive ou plus tard pendant le temps de la vie active.

La question du surmenage reste très discutée, aussi bien pour ce qui concerne son importance que sa pathogénie. Les uns lui imputent un grand nombre de maux physiques et psychiques qui affligent l'humanité, d'autres le nient. Tandis que certains le tiennent pour la manifestation directe d'un *épuisement* de la cellule nerveuse, il en est qui attribuent ses effets aux divers processus *d'intoxication* qu'il facilite. Ce qui paraît certain et conforme aux observations psycho-physiologiques, c'est que le travail excessif des facultés conscientes, mémoire, idéation, raisonnement, attention,

réflexion, est susceptible de troubler le fonctionnement de ces facultés isolément ou en bloc, et aussi
de disloquer les manifestations synthétiques d'activité qui en découlent.

Il en est de même, mais beaucoup plus fréquemment, pour toutes les facultés qui travaillent dans
la subconscience et qui se rapportent à l'instinctivité, à l'affectivité, à l'émotivité. Les causes *morales*, terreurs, chagrins, revers de fortune, passions,
chocs émotionnels, sont en définitive à la base du
plus grand nombre des troubles psychopathiques
aigus.

Résumé de l'étiologie générale

Causes prédisposantes	Générales	Races. Civilisations. Épidémies politiques et mystiques.
	Individuelles	Hérédité. Climats. Éducation. Profession.
Causes occasionnelles	Physiologiques	Puberté. Ménopause. Menstruation. Grossesse.
	Pathologiques	Exo et endo-intoxication. Infections. Diathèses. Maladies organiques. Névropathies.
	Psychiques	Intellectuelles : Surmenage. Morales { Émotions. Chagrins. Passions. Contagion.

Anatomie pathologique. — La psychiatrie
n'est pas restée étrangère au mouvement qui, depuis un demi-siècle, avec des moyens d'investigation nouveaux, poursuit la recherche des lésions
matérielles de toutes les maladies.

Dans les états psychopathiques associés à l'alcoolisme, à la paralysie générale, aux affections aiguës et chroniques du système nerveux et des organes de la vie végétative, comme dans les infirmités psychiques congénitales, évolutives et involutives, des *lésions macroscopiques* et *microscopiques* des centres nerveux ont été reconnues, qui semblent bien en rapport de cause à effet avec les troubles psychiques considérés : lésions fines vasculaires, méningitiques, encéphaliques, lésions cellulaires, fibrales, névrogliques, particulièrement dans les maladies ; grosses lésions : atrophies globales, porencéphalies, ramollissement diffus ou circonscrits, anomalies morphologiques, surtout dans les infirmités. Ces lésions, dans les cas les plus accentués, s'accompagnent de malformations extérieures du crâne, de la face, des oreilles, des yeux, des organes génitaux, du système pileux, qui sont les *stigmates* grossiers de la dégénérescence.

Mais dans les psychopathies pures, dans les psychopathies généralisées et les psychoses partielles, qui se produisent, sans causes nettement objectives, sur des organismes apparemment sains, qui évoluent sans autres troubles fonctionnels appréciables que ceux du psychisme et qui disparaissent sans laisser de traces visibles, qui durent un temps variable, parfois très long, sans obéir aux lois cycliques des maladies communes, l'anatomie pathologique n'est encore qu'incertitudes, contradictions et hypothèses. Tandis que certains assurent qu'il n'existe, à l'heure actuelle, aucune lésion spécifique des psychopathies, d'autres sont tout près d'établir le tableau anatomo-pathologique propre à chaque affection.

Dans les examens nécropsiques de psychopathies généralisées on trouve bien des lésions diffuses ou localisées de l'encéphale : hyperémie, ischémie, effusions séreuses, hémorragies, lésions cellulaires et névrogliques, mais ces diverses lésions ne sont pas en rapport constant avec les formes cliniques données. Les unes sont fugaces et peuvent disparaître à l'autopsie, les autres au contraire peuvent être tenues pour des modifications *post-mortem* ; il en est qui sont d'une objectivité relative, variable suivant les procédés techniques employés pour les reconnaître, ou bien encore qui peuvent être mises au compte de complications ou de processus généraux secondaires.

Quant aux états psychopathiques chroniques, si les lésions qu'on y constate sont plus apparentes, leur valeur de causalité n'est pas beaucoup plus certaine. L'atrophie de circonvolutions cérébrales, les altérations vasculaires et méningo-encéphaliques, les polio et leuco-encéphalites, qui se constatent après un temps souvent très long de troubles psychiques, ne sont que le cortège ordinaire du processus de sclérose, qui est commun à toutes les maladies.

Quoi qu'il en soit, on peut résumer, comme ci-dessous, le bilan anatomo-pathologique de la psycho-pathologie :

Résumé de l'anatomie pathologique

Lésions macroscopiques de l'encéphale

Généralisées
- Hyperémie et ischémie périphériques.
- Adhérences méningo-encéphaliques.
- Anomalies globales du cerveau et du cervelet.
- Atrophie des circonvolutions. Asymétries
- Ramollissement. Œdème.

Localisées
- Porencéphalies. Kystes.
- Hémorragies périphériques ou centrales.
- Ramollissements circonscrits.
- Anomalies ou asymétries limitées.

Lésions microscopiques de l'encéphale

Vasculaires
- Athéromasies. Varicosités.
- Hématomes de la dure-mère.
- Etat criblé de la substance blanche.

Cellulaires
- Déplacement, prolifération, destructions nucléaires.
- Dégénérescence graisseuse des cellules.
- Varicosités. Destruction des prolongements.
- Dégénérescence graisseuse des tubes.

Névrogliques : Prolifération. Sclérose.
Chimiques : Altérations du sang, de la lymphe, des secreta et des excreta.
Bactériologiques : Microbes de Bianchi, de Cabello.

Grosses lésions (stigmates) de dégénérescence

Crâne
- Asymétries. Difformités protubérantielles
- Epaississement ou raréfaction des os.

Face
- Asymétries. Prognatismes. Malformations des oreilles, des dents, de la voûte palatine.
- Strabismes. Bichromatisme des iris.

Os
- Malformations des os, du thorax et des membres.
- Hémimélie. Phocomélie. Hyperdactylie.

Org. génitaux
- Epi et hypospadias. Anorchydie.
- Atrésie vulvaire. Polymastie.

Système pileux : Calvitie. Canitie.

Evolution, diagnostic et pronostic. — Au point de vue de leur *évolution*, les psychopathies peuvent être comparées aux maladies organiques communes. On les distingue en *aiguës* et *chroniques*, d'après les caractères de leurs réactions et les temps de leur évolution.

Acuité et chronicité. — Les psychopathies *aiguës* peuvent elles-mêmes se diviser en *suraiguës* et *subaiguës* et comprendre trois périodes, souvent difficiles à limiter, dont les durées sont très variables, mais cependant différenciables par comparaison, périodes de *début*, *d'état* et de *terminaison*. La marche peut en être *continue*, *rémittente* ou *intermittente* et comporter des intervalles d'état normal — ordinaire plutôt — dits *lucides*. Leur terminaison peut être la *guérison*, le passage à l'*état chronique* ou la *mort*.

Guérison et amélioration. — La guérison est plus ou moins *complète*, *relative* ou *partielle*, en raison de l'état antérieur aux accidents aigus, qui souvent est défectueux. Cette considération impose une extrême réserve, quand il s'agit de déclarer ou de *certifier* la guérison d'un état psychopathique. Un imbécile peut être atteint d'une bouffée maniaque qui appelle l'intervention du médecin. Cet état aigu — qualitatif — guérit plus ou moins rapidement, mais le fond pathologique quantitatif subsiste. Si le médecin est appelé à donner son opinion et surtout à la certifier, il y a intérêt certain pour lui et probable pour son malade, à préciser son opinion en déclarant que le malade est guéri de l'état maniaque aigu dont il vient d'être atteint, mais qu'il reste frappé d'un état de faiblesse mentale préexistant.

La *mort* peut être en rapport avec la maladie mentale elle-même, soit *directement* dans les cas suraigus à processus infectieux ou d'inertie profonde avec marasme et inanition, soit *indirectement* dans les cas de délire actif, par suicide. Le plus souvent elle est le résultat d'une maladie intercurrente, d'un accident, d'une complication ou d'un auto ou hétéro-traumatisme.

Diagnostic et pronostic. — En raison de la multiplicité et de la complexité des symptômes cliniques et de l'absence de critères anatomiques ou cycliques, le *diagnostic* des psychopathies est généralement difficile. Il nécessite la comparaison différentielle de tous les groupes de symptômes communs, l'analyse de tous les caractères personnels ou héréditaires, et une élimination souvent malaisée de tous les états qui comptent un ou plusieurs de ces symptômes en commun.

Le diagnostic entraîne avec lui des considérations générales *de pronostic et de traitement*. Pour les mêmes raisons que nous avons indiquées au sujet de la guérison, le pronostic doit toujours être réservé et double, quantitatif et qualitatif, envisagé au au double point de vue du fond mental et des états superposés.

D'une façon générale, les *infirmités* psychiques, amences et démences, à prédominance quantitative, ne sont pas curables. Mais il y a lieu de faire une distinction très nette entre celles qui s'observent dans l'enfance et dans l'âge d'évolution et qui sont améliorables par définition, et celles qui se produisent sous l'influence d'un processus d'involution sénile ou précoce. C'est à ces dernières seulement que s'appliquerait le pronostic d'incurabilité, si le mot *incurable*, aussi déplorable au point de vue social qu'au point de vue médical, devait être conservé dans notre terminologie.

Quant aux psychopathies-*maladies*, à prédominance qualitative, elles sont éminemment guérissables. On guérit d'une bouffée maniaque ou d'une confusion aiguë, comme d'une pneumonie ou d'une crise de rhumatisme. Les maladies psychiques sont récidivantes, mais pas plus *nécessairement* que les maladies somatiques. Et les doctrines médicales qui affirment l'incurabilité des psychopathies, parce qu'elles sont toujours en instance de récidive, doivent être tenues pour arbitraires.

Pour les psychopathies *généralisées*, le pronostic est généralement favorable ; la guérison est la règle, mais une règle qui comporte de nombreuses exceptions et restrictions au sujet de la durée de la maladie et de ses chances de rechute. Ces exceptions et restrictions découlent dans le pronostic, de considérations sur le fond psychique personnel, sur les caractères de l'hérédité, sur les accès antérieurs et sur les conditions physiologiques et pathologiques du moment. La probabilité de guérison diminue à chaque nouvel accès, avec la durée de l'accès, avec l'âge, le mauvais état général, les complications organiques. C'est sur l'appréciation de ces éléments que doit s'appuyer le pronostic, quant à la durée des troubles psychiques, leur évolution vers la chronicité ou la guérison.

Classements cliniques. — Il n'y a point peut-être d'introduction à l'étude de la psychiatrie qui soit plus intéressante que l'histoire des multiples classifications nosologiques proposées jusqu'à ce jour par les aliénistes.

Pour aussi loin qu'on remonte dans le passé, on voit les cliniciens rechercher les causes organiques des maladies mentales et distinguer ces maladies en *symptomatiques*, *sympathiques* et *idiopathiques*.

Mais ce n'est qu'avec *Pinel* et *Esquirol* que le premier classement méthodique prend place dans la littérature médicale, ayant la *symptomatologie* pour base.

CLASSEMENTS A BASES ÉTIOLOGIQUE, PHYSIOLOGI-QUE, PSYCHOLOGIQUE ET MIXTE. — A la suite de ces premiers maîtres et jusqu'à la fin du XIX° siècle, le progrès de l'étude des causes et des lésions des maladies mentales a conduit les aliénistes à établir des classifications à bases nouvelles, *étiologi-*

que ou *physiologique* ou *psychologique* ou *mixte*.

Baillarger, ajoutant à la symptomatologie d'*Esquirol* des éléments *pathogéniques*, divisait les maladies mentales en *vésanies, folies associées entre elles, folies associées aux lésions du mouvement, états congénitaux*, et *Parchappe* tentait de faire d'une *anatomie pathologique* rudimentaire le fondement d'une nouvelle classification.

Morel, s'appuyant uniquement sur l'*étiologie*, proposait de diviser les différentes formes morbides en *aliénations héréditaires, aliénations toxiques, aliénations par transformation de certaines névroses, aliénations idiopathiques, aliénations symptomatiques, démences*.

Griesinger et *Kieser*, s'en tenant à la *psychologie*, divisaient simplement les maladies mentales : le premier en deux classes, *aliénations morales* et *aliénations intellectuelles;* le deuxième en trois classes, selon qu'elles altéraient surtout l'*intelligence*, la *sensibilité* ou la *volonté*.

A la suite des maîtres français, les Allemands s'accordèrent pendant longtemps à tenir la symptomatologie pour base de leurs classifications en y considérant deux catégories morbides, les *formes primaires* et les *formes secondaires*.

Le Congrès international de 1889, dans le but louable d'unifier les doctrines éparses, adoptait une classification mixte comprenant la *manie*, la *mélancolie*, la *folie périodique*, les *folies systématisées*, la *démence vésanique*, la *démence organique*, la *folie paralytique*, les *folies névrosiques*, les *folies toxiques*, les *folies morale et impulsive*, l'*idiotie* et l'*imbécillité*.

Kraft-Ebing et *Schüle*, tout en proclamant la prédominance du critère symptomatique, s'efforcent de lui apporter un appoint anatomo-pathologique et pathogénique ; ils adoptent deux grands groupements : les *psychoses chez l'individu à développement organo-psychique complet* et les *psychoses chez l'individu à développement organo-psychique défectueux*.

Magnan et *Cullerre* reviennent à l'ancienne division en états primitifs et secondaires : *états mixtes tenant de la pathologie et de la psychiatrie, folies proprement dites ou psychoses* (*Magnan*) ; *aliénations primitives, aliénations liées aux affections cérébrales organiques, aliénations liées à divers états morbides généraux* (*Cullerre*).

Synthèses cliniques. — Depuis une quinzaine d'années, sous l'influence d'un des maîtres de la psychiatrie allemande, *Kræpelin*, une école s'est formée qui, en disloquant les traditions, a provoqué dans le monde psychiatrique, particulièrement en France, deux courants d'opinions opposées et excessives peut-être dans leur enthousiasme, comme dans leur dénigrement. De fait, la révolution kræpelinienne, n'est pas tant dans ce que le maître a dit, que dans l'interprétation qu'en ont faite des adeptes trop pressés. En reprenant comme base de sa classification l'étiologie seule, ainsi que l'avait fait *Morel*, *Krœpelin* a vu les obscurités et les faiblesses de l'analyse à outrance qui caractérise l'œuvre de la deuxième moitié du XIX° siècle et qui a été poussée en Allemagne même à son extrême limite, et il s'est trouvé très logiquement amené à opérer des synthèses nosologiques que la lunette symptomatologique n'avait pas permis de voir : *synthèses des auto-intoxications* réunissant dans une même formule les états psychopathiques urémiques, polynévritiques, myxœdémateux, *démentiels précoces*, délirants chroniques et paralytiques ; *synthèses des psychoses à étiologie indéterminée,* réunissant en une seule entité *maniaque-dépressive*, les manies et les mélancolies et en rapprochant tous les états psychopatiques des dégénérés. Et à côté de ces deux grandes synthèses, Krœpelin reconnaît les *psychoses infectieuses, toxiques, organiques,* les *psychoses d'épuisement* et d'involution, les *psychoses liées aux névroses* et les arrêts de développement psychique. Cette doctrine procédant d'un classement purement étiologique, c'est-à-dire arbitraire et mobile, n'a pu résister aux chocs de l'observation clinique qui l'entame et la dépèce sans pitié, et son auteur lui-même a dû successivement l'assouplir par des amendements qui lui ont enlevé presque toute son originalité première.

Dans son *Précis* devenu classique, et avec un éclectisme particulièrement heureux, *Régis* a adopté, sur la double base de l'étiologie et de la symptomatologie, un classement au principe duquel nous sommes resté fidèle et qui comprend : les psycho-pathies-maladies ou psychoses *généralisées* (manie, mélancolie, folie à double forme, confusion mentale) et *partielles* (psychose systématisée progressive) ; les psychopathies-infirmités, *d'évolution* (déshar-monies, dégénérescences, monstruosités), d'*involu-tion* (démence primitive) ; les *états psychopathiques sympathiques* (auto-intoxications, exo-intoxica-tions, infections, maladies du système nerveux).

Gilbert Ballet, jugeant que toutes les classifica-tions sont défectueuses, se contente d'un classe-ment qui n'est « qu'une table des matières des ma-ladies mentales, d'après leurs analogies de nature et leurs affinités étiologiques ».

Rémond, faisant état des seules connaissances anatomiques et physiologiques, rattache, dans une classification qui serait la meilleure de toutes si elle reposait sur des bases certaines, tous les états psychopathologiques à trois classes de lésions systématiques : les *polio-encéphalites*, maladies de la cellule nerveuse (manie, mélancolie, délire aigu, confusion mentale) par *insuffisance cellulaire*, folies périodiques, des névroses et des dégénérés par *imminence d'insuffisance cellulaire* ; les *leuco-encéphalites*, maladies des prolongements de la cellule (délires chroniques et paranoïa) ; les *encé-phalites totales* (paralysie générale et démences).

S'il était vrai, comme on l'a dit, qu'une science vaut ce que vaut sa classification, on pourrait dire que la psychiatrie est la première et la dernière des sciences : la dernière parce qu'elle n'a pas *une* classification, la première parce que *toutes* ses classifications sont bonnes. Pour se diriger avec assurance dans le champ de la clinique psychiatrique, il suffit d'adopter l'une quelconque de ces classifications et de la suivre avec fermeté et conviction.

Il semble cependant que le besoin légitime de limiter et de préciser les catégories cliniques ait conduit jusqu'à ce jour à une division trop artificielle et tendancieuse entre les maladies dites *fonctionnelles* et les maladies dites *organiques*.

Sans doute il faut, comme nous l'avons vu déjà, différencier dans l'examen des facultés psychiques, les troubles *qualitatifs* des troubles *quantitatifs*, et cette différenciation apparaît nettement dans certains états pathologiques confirmés ; mais dans maintes espèces elle est obscure, souvent impossible.

LA PRÉVALENCE SYMPTOMATIQUE. — Dans la paralysie générale, par exemple, on admet généralement que le premier trouble psychique est toujours démentiel, c'est-à-dire quantitatif. Il se pourrait qu'il en fût de même dans tous les états psychopathiques, et que le trouble quantitatif — plus difficile peut-être à constater au début — précédât toujours le trouble qualitatif, à moins qu'au contraire ce ne soit, de façon constante, le trouble qualitatif qui se produise le premier. Il se pourrait enfin que les deux ordres de troubles fussent exactement contemporains et que nos moyens d'investigation, fragiles et relatifs, ne pussent les reconnaître que successivement.

Pour réserver ce point de chronologie symptomatique que certaines doctrines ont peut-être tranché de façon trop hâtive, il serait prudent et utile — la coexistence des deux ordres de troubles étant fréquente — de considérer comme signe pathognomonique des divers états pathologiques la PRÉVALENCE symptomatique dans le sens qualitatif ou quantitatif.

Peut-être aussi n'a-t-il pas été accordé, dans le déterminisme pathologique, une place suffisante à cette double synthèse qualitative individuelle que nous avons appelée *caractère* et *tempérament*, et que nous avons cru devoir mettre à la base de notre classement.

Si la lésion connue, où à connaître, cause directement le déséquilibre mental, en produisant par exemple un état psychopathique généralisé ou une psychose partielle, c'est le *caractère*, croyons-nous, en rapport sans doute avec des modalités morphologiques spéciales des éléments nerveux centraux, qui conditionne la forme psychique, le trouble qualitatif. Une même lésion produirait, et *ne pourrait produire autre chose*, que la manie chez l'individu anormal à caractère excentrique, la lypémanie chez celui qui a le caractère concentrique, la confusion chez tel autre à caractère acentrique, la psychose partielle chez celui qui a le caractère égocentrique et, *seulement* chez celui qui a le caractère polycentrique, une succession ou un mélange de ces divers états psychopathiques.

Cette explication ne laisse de place, dans notre classement clinique, ni à la folie à double forme *ancienne*, ni à la folie maniaque-dépressive *nouvelle* dont la reconnaissance ne s'imposera pas aussi longtemps qu'il sera permis d'affirmer qu'il y a des malades qui n'ont jamais eu que des accès maniaques, d'autres que des accès lypémaniaques, et que ceux qui, pour certains, sont considérés comme ayant présenté une succession d'états maniaques et d'états lypémaniaques, pourront être tenus, par d'autres, simplement pour des maniaques dont les accès plus ou moins violents ont été suivis de périodes de dépression *critique* ou compensatrice, ou encore pour des hystériques.

Et c'est ainsi qu'un premier coup d'œil sur la psychopathologie générale nous conduit à ces quelques données qui sont la charpente des classements et des descriptions qui vont suivre :

LE CRITÈRE MÉDICO-SOCIAL. — En dehors de l'état psychique dit normal ou moyen, il faut reconnaître et distinguer l'*anormalité* et la *pathologie*.

L'anormalité, intermédiaire à l'état normal et à l'état pathologique, se traduit par une synthèse du psychisme conscient, par un *caractère* qui peut présenter cinq variétés (excentrique, concentrique, acentrique, égocentrique et polycentrique) et par une synthèse du psychisme subconscient, par un *tempérament*, qui peut être impulsif ou passif.

La pathologie s'accuse par des troubles précis qualitatifs et quantitatifs des facultés psychiques. Elle peut être définie et limitée dans cette formule, qui devient un critère médico-social : TRAITEMENT MÉDICAL, SURVEILLANCE CONTINUE, EXONÉRATION DES RESPONSABILITÉS SOCIALES. C'est-à-dire que l'individu, qui n'est pas *en même temps* dans le cas d'être traité, surveillé et irresponsabilisé, n'est pas un psychopathe, c'est un anormal au plus.

Dans toutes ses manifestations, la psychopathologie qualitative n'est que *l'exagération morbide* des caractères et des tempéraments anormaux.

La psychopathologie quantitative est une *faiblesse évolutive* ou un *affaiblissement involutif* des facultés psychiques.

Classement des états psychopathiques

Psychopathies-maladies ou à prédominance qualitative	généralisées	Manies. Lypemanies. Confusions. Etats mixtes.
	partielles	Psychoses intellectuelles. Psychoses morales. Psychoses mixtes.
Psychopathies-infirmités ou à prédominance quantitative	amences (évolutives)	Imbécillité. Idiotie.
	démences (involutives)	Précoce. Sénile. Terminale.

CHAPITRE II

Psychopathologie qualitative

Cette classe pathologique se distingue par la *constance* et la *prédominance*, dans toutes les formes qui la composent, d'une caractéristique clinique : *trouble qualitatif* d'emblée ou progressif de tout ou partie des facultés conscientes et subconscientes, le fond quantitatif pouvant rester ou paraître intact.

Ce sont, à proprement parler, les psychopathies qualitatives ou à prédominance qualitative.

MALADIES GÉNÉRALISÉES

Psychopathies-maladies généralisées. — Dans ce premier groupe des psychopathies-maladies, les troubles qualitatifs intéressent d'*emblée toutes* les facultés conscientes et subconscientes, tout le psychisme. Ce sont celles dont l'histoire est la plus ancienne, qui, dans tous les temps, par leur fréquence et leur objectivité, se sont le plus imposées à l'étude des spécialistes et qui restent cependant les plus discutées.

La manie et la lypémanie, acceptées longtemps comme des maladies distinctes et curables, sont depuis quelques années l'objet d'un débat passionné. A la suite de *Krœpelin*, dont la doctrine est peut-être plus exploitée dans sa lettre que dans son esprit, et avec une ardeur à laquelle la suggestion et la mode ne sont peut-être pas complètement étrangères, on tend à rayer du cadre de la pathologie mentale la manie, la lypémanie, la folie à double forme, et à les réduire à des expressions alternantes d'une seule maladie, nettement incurable, dénommée *psychose maniaque-dépressive*.

Quant à la *confusion mentale*, après avoir occupé une place importante dans la psychopathologie, en Allemagne d'abord, en France ensuite, elle a subi la même mutilation, par la création d'une synthèse nouvelle, la *démence précoce*, qui l'absorberait presque tout entière avec les psychoses dégénératives et systématiques. Les psychopathies primaires se trouveraient ainsi ramenées à deux grandes formes : la psychose maniaque-dépressive, et la démence précoce.

Tout a été dit déjà pour et contre ces idées nouvelles, simples seulement en apparence. Il suffit d'en retenir que la démence précoce, selon l'expression d'un aliéniste humoriste, n'est, dans de nombreux cas, « ni démence, ni précoce », et que les principaux symptômes de ses diverses variétés sont communs à certaines autres formes cliniques — en particulier à la manie et à la mélancolie —, pour qu'il soit permis de ne pas l'accepter sans réserve.

Pour ces raisons, et pour d'autres qui seront indiquées au cours de nos descriptions, nous considérerons le cadre des psychopathies-maladies généralisées, comme composé de trois entités cliniques distinctes : la *manie*, la *lypémanie* et la *confusion*.

I. — Les manies

La manie est de toutes les formes psychopathiques la plus anciennement connue. Décrite par les médecins de l'antiquité, elle a été tenue pendant les longs siècles du moyen âge pour l'expression symbolique de la possession démoniaque ; son étude a fait l'objet du plus important ouvrage de *Pinel* ; elle a été acceptée par tous les psychiatres du XIXᵉ siècle ; et en raison de l'extériorisation bruyante et souvent dramatique de ses symptômes, elle est restée, dans le sens populaire, comme la forme typique de la folie.

ÉTIOLOGIE. — Parmi ses causes *prédisposantes héréditaires*, on incrimine d'une façon très générale les influences des races méridionales et des climats chauds, et plus immédiatement les tares névro ou psychopathiques avec, assez fréquemment, la forme vésanique homologue. Les causes *prédisposantes personnelles* sont plus spéciales. Ce sont l'âge adulte, le sexe masculin, la saison chaude et *par-dessus tout* cette cause fondamentale, personnelle et héréditaire aussi, constitutionnelle, que nous avons appelée le *caractère excentrique.*

Les *causes occasionnelles* pathologiques, physiologiques et psychiques sont les abus de boissons, les refroidissements, les traumatismes graves, surtout du crâne, la puberté, la ménopause, la puerpéralité, les émotions, les chagrins et surtout le *surmenage,* physique ou psychique.

SYMPTOMATOLOGIE. — Les symptômes de la manie considérée à son état *simple* et *complet* sont — avec l'exagération de la physionomie et de l'attitude excentriques — du côté de la *perception,* des *illusions* déformantes, grossissantes plutôt agréables, qui ne vont pas jusqu'à l'hallucination vraie ; dans la sphère de la *conscience,* de l'*hyperactivité,* du *désordre,* du *chevauchement* de toutes les facultés, idées, mémoires, raisonnements et volonté, produisant progressivement de l'hypertrophie du moi, de l'interprétation et du délire dans le sens de la grandeur et de la force ; dans la *subconscience,* de la *mobilité chaotique* des émotions, des affections et des instincts ; dans les manifestations de l'*activité générale,* du *désordre* de la mimique et des actes, de l'insomnie, de l'hyperthermie, de l'hyperesthésie, de l'hypersécrétion et des troubles gastro-intestinaux *sans dénutrition grave.*

VARIÉTÉS CLINIQUES. — La manie est *subaiguë,* *aiguë* ou *chronique.* Subaiguë elle n'est qu'une *excitation maniaque,* une accentuation des signes qui distinguent le caractère excentrique, une *marche* si l'on peut dire entre l'état ordinaire anormal et l'état pathologique affirmé, que côtoie toujours et que franchit souvent la foule des excités qui circulent dans la vie commune.

Dans sa forme franche et typique, la manie est *aiguë.* Sa durée varie de quelques semaines à plusieurs années. Lorsqu'elle ne guérit pas, il se produit peu à peu dans tous ses symptômes une sorte d'atténuation, d'égalisation automatique qui caractérise la *chronicité* simple, *continue.* Lorsque dans la continuité des symptômes se produisent des bouffées aiguës, elle est *intermittente* ou *rémittente* ou *cyclique,* selon que les espaces intercalaires se rapprochent plus ou moins de l'état normal, ou affectent un rythme périodique.

L'hyperactivité psychique donne souvent naissance à des idées délirantes et à des troubles sensoriels précisés qui, orientés naturellement dans le sens de la persécution et de la grandeur, arrivent parfois même à prédominer sur les troubles de l'activité générale, en suivant la marche des délires partiels. Cette forme de manie chronique a pu être dite *avec délire systématisé secondaire.* En y regardant de près on peut constater qu'il n'existe pas dans ces cas de véritable système, mais seulement des dominantes délirantes.

Lorsqu'il ne rentre pas progressivement dans l'état normal ou dans la chronicité, l'accès de manie aiguë, — surtout lorsqu'il a été très violent — peut cesser brusquement pour faire place à un état de dépression plus ou moins profond, dont la durée est variable, qui peut s'atténuer peu à peu jusqu'au retour à l'état normal, et, qui dans un temps plus ou moins long, est suivi d'une rechute maniaque. Dans ce processus pathologique, qui a été généralement décrit sous le nom de *folie circulaire* ou *à double forme*, il est permis de voir une simple manifestation de la grande loi biologique des compensations, plutôt qu'une forme morbide spéciale. Ce qui est certain, c'est que les maniaques dont les accès d'agitation sont suivis de périodes de dépression mélancolique, sont les plus violents, qu'ils versent précocement dans la chronicité et qu'ils affectent généralement la forme cyclique.

La manie aigue. — Le début de la manie n'est pas brusque et celle-ci n'arrive à son maximum d'acuité que par une progression plus ou moins rapide.

L'individu, à caractère excentrique, qui va faire un accès de manie aiguë, se distingue tout d'abord par une exagération de son exubérance et de sa loquacité ordinaires. Il est euphorique et ne se plaint de rien, mais on peut découvrir qu'il a eu et a de l'insomnie, de la céphalalgie, de la constipation et comme une sorte d' « énervement » qui l'empêche de tenir en place. Bientôt il est pris d'agitation psycho-motrice ; il se dépense en efforts, en déplacements, en actes, en interventions inutiles ou disproportionnées à leur objet. Est-ce un travailleur, il forge ou laboure avec excès, puis hors de propos, puis d'une façon incohérente. Est-ce un cérébral, il passe ses journées et ses veilles à rechercher, sans méthode et sans ordre, la solution de problèmes insolubles, il construit dans le domaine de l'inconnu ou du fantastique des raisonnements, des théories et des hypothèses, il refait la science, ou révolutionne les lettres, ou rebâtit l'état social. L'un et l'autre écrivent, dessinent et parlent sans répit, sautant d'une image à une autre image, d'une idée à une autre idée, d'un jugement à un autre jugement, au hasard d'un mot entendu, d'un signe aperçu, d'une reconnaissance illusoire. Le psychisme du maniaque n'est plus dès lors qu'un chaos d'idées fausses et d'illusions, qui échappe à tout contrôle de la réflexion et de la volonté, et qui se traduit par un langage intarissable, logorrhéique, souvent obscène, une gesticulation désordonnée avec cris, chants, contorsions et travestissements variés. Dans cette mobilité incohérente, dans cette fuite des idées et des actes, le maniaque est à la fois pape, empereur, Jeanne d'Arc, ou ramasseur de « mégots » ; il est incapable d'idées délirantes enchaînées, ni d'action volontairement nuisibles, mais il ne supporte pas la contradiction, se livre à des impulsions, s'agite, s'emporte et devient violent. Son visage est animé, son œil brillant, sa tenue désordonnée ; il présente de l'accélération du pouls, de l'hyperthermie, mais ses fonctions digestives paraissent normales, et sa nutrition reste régulière. Du côté des *instincts* c'est une excitation souvent incoercible, particulièrement des instincts génital et destructeur. Le maniaque, livré à lui-même, coïte ou se masturbe jusqu'à épuisement, et brise ou transforme tout ce qui lui tombe sous la main avec une ingéniosité de moyens parfois extraordinaire. Sa sensibilité est extrêmement mobile ; tour à tour il rit, pleure, embrasse et mord avec un même excès et une même sincérité.

C'est à ce point culminant de la *période d'état*, ou plutôt, que le maniaque apparaît comme redoutable à son entourage et que, par crainte d'un malheur ou d'un scandale, on appelle le médecin, non pas tant pour prescrire des soins thérapeutiques que pour apporter à la procédure d'internement l'appoint nécessaire de son certificat.

De tous les états psychopatiques c'est l'état maniaque qui oppose la plus grande résistance à tous les agents pathogènes ordinaires. Le maniaque est particulièrement réfractaire aux complications morbides des traumatismes et des agents extérieurs ; il donne peu de prise aux maladies incidentes. Par suite, la *mort* est une fin rare de la manie aiguë qui se termine généralement par la *guérison* ou le passage à l'*état chronique*.

ANATOMIE PATHOLOGIQUE. — Il n'a pas été trouvé jusqu'à ce jour de lésion spécifique de la manie. La nécropsie des maniaques montre seulement une hyperémie générale des centres nerveux, et l'examen histologique de leur cerveau a permis à certains observateurs de constater dans les corpuscules névrogliques périvasculaires un mouvement qui pourrait être la cause des troubles circulatoires, à d'autres de noter à des degrés divers de la prolifération nucléaire et de la chromatolyse des grandes cellules du cortex.

DIAGNOSTIC ET PRONOSTIC. — La reconnaissance de la manie aiguë typique se déduit tout entière de l'observation de ses signes positifs cliniques, et de l'examen négatif des symptômes organiques qui permet d'éliminer les délires fébriles. Dans le cas d'état délirant secondaire, *le diagnostic* avec les délires systématisés, s'établit facilement par les anamnestiques, par le manque d'enchaînement dans les idées, et par la permanence des troubles de l'activité générale.

Mais — ainsi qu'il a été dit déjà — le diagnostic de tout état mental doit être double, qualitatif et quantitatif, et la manie, dans ses diverses formes, peut avoir un état sous-jacent d'amence ou de démence, ou se produire comme complication d'une intoxication, d'une lésion organique ou d'une maladie nerveuse, qui lui impriment des caractères particuliers. Ce diagnostic des états sous-jacents s'établira par la connaissance de la symptomatologie spéciale des états psychopatiques sympathiques exposée plus loin.

Il n'est guère possible de parler *pronostic* sans revenir aux doctrines krœpeliniennes, dont les tendances sont aussi pessimistes que synthétiques. La nouvelle école a rayé simplement le mot guérison de la terminologie qui se rapporte aux psychopathies-maladies. Et cependant, il n'est peut-être pas un aliéniste déjà vieilli dans la pratique psychiatrique qui ne puisse citer au moins un cas de manie aiguë qui, rentré dans la vie commune, n'ait pas récidivé depuis de longues années. C'était sans doute et nécessairement un cas de caractère excentrique, qui est resté excentrique, peut-être même à un degré plus accentué, c'est-à-dire en dehors de l'état normal, de l'état moyen, mais qui a repris sa place dans la collectivité valide, et qu'il est légitime de considérer comme guéri. A la vérité, lorsqu'un malade dit guéri d'un accès de manie aiguë à l'âge de vingt-cinq ans meurt à soixante ans sans avoir récidivé, on peut admettre qu'il est mort trop tôt ; mais la même supposition s'applique à toutes les maladies, à la pneumonie par exemple. La manie aiguë est donc guérissable et elle guérit ; ce qui ne veut pas dire qu'elle ne soit pas, comme et plus que toutes les maladies psychopathiques, essentiellement récidivante, et c'est là que le *pronostic* mérite discussion. Un premier accès de manie aiguë — en dehors de toutes considérations cliniques particulières — est d'autant plus grave et présente d'autant plus de chances de récidive ou de chronicité, que les prédispositions héréditaires et personnelles du sujet sont lourdes et que les causes occasionnelles en sont légères. Le pronostic en est relativement favorable, si, les antécédents étant peu chargés, l'accès débute rapidement et se termine par un retour progressif à l'état ordinaire. Si l'accès présente une longue période de début et se termine brusquement pour tomber dans la dépression, le passage à la chronicité cyclique est très probable et le pronostic est grave. S'il s'agit d'un deuxième accès, d'un troisième accès chez un adulte, le pronostic s'assombrit avec chaque accès, qui est un pas de plus vers la chronicité intermittente ou remittente. Lorsqu'un premier accès se produit au moment de la puberté ou à l'âge adulte, il faut redouter la démence précoce. Si une récidive se manifeste dans la vieillesse, elle est le plus souvent le signal d'une involution démentielle définitive.

Mais la résistance individuelle à la chronicité et à la démence est très variable. Certains maniaques font dix, vingts accès et plus sans manifester dans les périodes intercalaires un affaiblissement psychique grave ; d'autres tombent dans la chronicité ou la démence dès le premier accès.

Il est intéressant de retenir que, pour si chaotique que soit le fonctionnement de ses facultés psychiques, le maniaque reste dans un état de subconscience, dont il conserve le souvenir dans le moindre détail des actes. Mais en raison de son autosatisfaction naturelle et de son optimisme exagéré, il perd la notion vraie, le jugement sain de ces actes : ceux qui ont été accomplis par lui-même, s'ils sont monstrueux, lui apparaissent comme drôles ; s'ils sont infimes ou ridicules, il les tient pour considérables ou intéressants, et son appréciation est inverse, s'il s'agit des autres.

Avec cet état de conscience il arrive que le maniaque récidiviste *sent vaguement* qu'il va être malade, avant qu'aucun signe ne puisse apparaître à l'œil le plus exercé, et qu'il demande lui-même à être soigné, quelquefois même à être isolé. Ce diagnostic intuitif est le meilleur de tous, et le médecin peut en tirer d'utiles enseignements au point de vue pronostic et préventif.

TRAITEMENT. — Si le médecin est appelé à intervenir à la période de début d'un accès maniaque — ce qui est malheureusement rare — il prescrira un traitement symptomatique et jugulatif qui pourra être efficace et qui se résume en deux mots : *décongestion* et *sédation*. Pour cela, il aura à sa disposition les purgatifs drastiques et le régime lacté, les agents médicamenteux (chloral, sulfonal, hyoscine), les moyens physiques (bains tièdes prolongés, alitement et isolement).

Le plus souvent le médecin se trouvera en présence d'un maniaque à la période d'état, soit que le traitement jugulatif n'ait pas réussi, soit qu'il ait été appelé tardivement. A ce moment une seule prescription s'impose, l'hospitalisation dans une maison de santé ou un asile spécial, et le médecin est amené, pour permettre l'exécution de sa prescription, à délivrer le certificat prescrit par la loi à fin d'internement.

Résumé symptomatique de la manie

Exagération de la physionomie et de l'attitude excentriques.
Troubles de la perception : Illusions et déformations grossissantes.

Troubles de la conscience	Hyperactivité, désordre et chevauchement des idées, de la mémoire, du raisonnement et de la volonté. Délire de grandeur. Hypertrophie du moi.

Troubles de la subconscience : Mobilité chaotique des émotions, des instincts, des affections.

Troubles de l'activité générale	Désordre de la mimique et des actes. Insomnie. Hyperthermie. Hyperesthésie. Hypersécrétion.

Troubles gastro-intestinaux : Sans dénutrition grave.

II. — Les lypémanies (*mélancolies*).

La mélancolie est, dans l'histoire, aussi vieille que la manie ; mais, tandis que dès l'origine et pendant de longs siècles la manie est restée embrouillée de mysticisme et de superstition, la mélancolie a été plus nettement matérialisée dans ses causes. Les anciens l'attribuaient à l'action de la bile noire

— comme son nom l'indique ; *Vieussens* la faisait dépendre de « l'altération atrabilaire du sang », et ses successeurs continueraient sans doute à l'appeler « mélancolie », si *Esquirol*, clinicien perspicace, ne s'était avisé d'en faire comme une forme triste de la manie et de lui donner le nom de *lypémanie*.

La symptomatologie restant la base fondamentale de nos classements, nous adopterons la terminologie d'*Esquirol*.

ÉTIOLOGIE. — On reconnaît à la lypémanie comme causes prédisposantes l'hérédité psychopathique ou nerveuse, les conditions d'âge, de sexe et de climat. La proportion est plus grande dans le sexe féminin, elle est surtout fréquente dans l'âge adulte et se produit dans les pays froids et brumeux. La cause principale fondamentale est la constitution mentale triste et scrupuleuse, qui distingue le *caractère concentrique*.

Les causes occasionnelles sont les mêmes que celles de la manie : émotions, chagrins, inquiétudes d'affaires, maladies organiques, traumatismes, puberté, ménopause, puerpéralité et par-dessus tout le *surmenage* physique ou psychique.

SYMPTOMATOLOGIE. — Les symptômes de la lypémanie sont, avec l'exagération de la physionomie et de l'attitude concentriques, du côté de la perception, des illusions et des *hallucinations* défor-

mantes, rétrécissantes, pénibles, lugubres ; elles
sont visuelles, auditives et surtout *psycho-motrices*,
celles-ci prenant leur source dans des troubles
cénesthésiques ou de la sensibilité interne. Les
facultés conscientes (idée, mémoire, volonté et
raisonnement), présentent de l'hypoactivité, de la
concentration, de la fixité, entraînant l'atrophie
du moi et conduisant à l'*interprétation délirante*
dans le sens du néant, de l'indignité et de la culpabilité. Dans la subconscience, c'est une passivité
triste, ou anxieuse, ou stupide des émotions, des
affections et des instincts. Les troubles de l'activité générale, se manifestent soit par l'*immobilité*,
soit par l'*exaltation* automatique de la mimique,
des mouvements, de la parole, par de l'hypothermie,
de l'hypoesthésie, de l'hyposecrétion et par des
troubles gastro-intestinaux avec constipation et
dénutrition *grave*.

VARIÉTÉS CLINIQUES. — La lypémanie est *subaiguë, aiguë* ou *chronique*. Subaiguë, elle n'est
qu'un état de *dépression mélancolique*, une simple
accentuation de la tristesse, de l'impuissance, du
pessimisme, une exagération du *caractère concentrique* en un mot, qui est le propredes déprimés, des
« constipés » dont la foule encombre les frontières
de la psychopathologie.

Franche et typique, la lypémanie est dite *aiguë*.
Sa durée est généralement plus longue que celle
de la manie, mais son évolution est la même. Lors-

qu'elle ne se termine pas par la guérison, ses symptômes s'atténuent, s'égalisent ou s'automatisent dans leur forme dominante, anxiété, stupeur ou délire : elle devient *chronique continue*. L'état chronique peut présenter des *bouffées aiguës* : il est alors *intermittent, remittent* ou *cyclique*, selon que les espaces se rapprochent plus ou moins de l'état normal, ou que les accès aigus affectent une marche périodique.

LA LYPÉMANIE AIGUE. — L'accès de lypémanie débute plus lentement que la manie, et à l'encontre de cette dernière, ce sont le plus souvent les symptômes somatiques qui apparaissent les premiers et les plus importants. L'individu à caractère concentrique, qui se trouve en puissance d'un accès mélancolique aigu, est plus déprimé qu'à son état ordinaire ; il présente des troubles gastro-intestinaux, de la constipation, de l'inappétence, de la tristesse, de l'insomnie, une tendance progressive à l'anxiété ou à la stupeur, il se plaint de sa santé, de ses affaires, il rumine sur son passé, se lamente sur son avenir, sur celui de ses enfants, s'évertue à attribuer à son influence malfaisante toute espèce d'accidents, de malheurs arrivés ou prévus. Peu à peu cette concentration pénible, ces interprétations pessimistes, ces illusions sensorielles, s'accentuent, débordent son pouvoir de raisonnement et se transforment en hallucination, en délire, pour constituer la *période d'état* de la maladie.

Les troubles physiques très rapidement deviennent graves ; le teint est livide, l'amaigrissement considérable, la constipation opiniâtre, l'alimentation difficile, souvent refusée. Les sensibilités spéciales et générale sont émoussées, les réflexes diminués ou abolis. Le pouls est ralenti, petit ; les troubles vaso-moteurs s'accusent par de l'asphyxie des extrémités, du refroidissement, des œdèmes. La puissance génitale est diminuée, souvent abolie.

Le lypémaniaque prend alors une forme prévalente qui s'oriente vers la *stupeur* ou vers l'*anxiété*.

Dans le premier cas, la concentration psychique peut aller jusqu'à la suspension de l'activité et à l'inertie complète : le malade prend une physionomie fixe et refuse tout aliment, tout mouvement ; il ne parle pas, et paraît absolument isolé du reste du monde ; si son délire et ses troubles sensoriels ne s'extériorisent pas, il n'en sont pas moins très actifs ; il lui arrive, sous l'influence d'hallucinations, de sortir de sa stupeur, pour pousser des cris et se livrer à des actes de violence contre lui-même ou contre les autres, véritables raptus, projections automatiques, après lesquelles il retombe dans son inertie.

Chez l'anxieux, c'est une sorte d'agitation automatique, continue, inquiète, avec une physionomie terrifiée, des gestes et des mouvements sans objet, des gémissements, des exclamations sans cesse répétés et croissant souvent d'intensité jusqu'à un paroxysme suivi de stupeur relative et qui paraît sous la dépendance de troubles profonds de la sensibilité générale ou cenesthésique. C'est en raison de ces caractères cliniques, que certains aliénistes ont avancé que la mélancolie était, comme l'épilepsie, une maladie à paroxysmes nerveux.

Anxieux ou stupide, le lypémaniaque fait, sous le masque de l'hyposthénie, des troubles sensoriels et délirants profonds, pénibles, angoissants ; il se voit entouré de démons ou d'ennemis qu'il *mérite*, de gens dont il a causé la ruine, la maladie ou la mort, de catafalques, de cadavres ; il sent mauvais et il se sent pourri ; il entend des voix qui lui reprochent ses crimes, il est dévoré par des serpents, il a des tumeurs énormes dans le ventre ; il s'accuse de toute sorte de méfaits, avec plus ou moins de tendance à localiser, à organiser et à fixer ses idées et ses hallucinations. Il arrive qu'il éprouve toujours la même hallucination pénible et qu'il n'accuse qu'une seule idée délirante d'auto-accusation, ou encore des troubles de la personnalité, particulièrement du *dédoublement*, des idées de damnation, de négation ou d'énormité, le plus souvent des idées de culpabilité et d'indignité, avec le dégoût de la vie sur lequel germe l'idée fixe de mort conduisant, soit au suicide qui est fréquent, soit à l'homicide qui n'est pas rare. La genèse de cet homicide est uniforme, terriblement dramatique souvent : le lypémaniaque qui se croit coupable et indigne, tue parfois tous les siens, enfants, parents, femme ou mari, pour les arracher au martyre ou à la misère que ses crimes ont causés... et lui-même continuera à vivre pour expier : c'est cette forme d'homicide qui a été très justement appelée *familiale*.

Ainsi qu'on l'a déjà vu, et c'est là ce qui la distingue de la manie, la lypémanie typique aiguë est toujours hallucinatoire et délirante, mais dans une forme extérieure différente, d'où se dégage l'idée fixe, ou qui reste plus ou moins diffuse et diverse et qui se modifie dans le passage à l'état chronique. Comme la manie, en devenant chronique la lypémanie tend vers l'atténuation et l'égalisation de ses principaux symptômes, en conservant, comme dominante, la caractéristique — stupide ou anxieuse — de l'état aigu passé. Si le trouble général s'atténue et est débordé par le délire, il s'établit une forme délirante *pseudo-systématisée secondaire*, dans le sens mystique ou de négation — qui n'est en réalité, comme nous l'avons déjà dit pour la manie — qu'une prédominance et non une systématisation d'idées.

Hors des doctrines d'écoles, et comme pour la manie, l'expérience établit que certains individus ont manifesté, soit un *seul accès* de lypémanie qui s'est terminé par le retour à la vie commune sans altération notable des facultés, soit plusieurs accidents pathologiques séparés par des intervalles plus ou moins longs et qui tous ont été de forme lypémaniaque. Cette observation justifie à elle seule l'existence de la lypémanie en tant qu'entité morbide ; elle autorise aussi à admettre que la lypémanie est guérissable et qu'elle guérit. La guérison se produit par la disparition progressive et souvent lente de tous les symptômes somatiques et psychiques qui caractérisent l'état aigu. Mais en raison de la gravité plus grande des troubles physiques, de l'état de dénutrition plus grave qui ouvre la porte aux maladies incidentes et à toutes les complications organiques — sans compter les cas de suicide —, la mort est une terminaison beaucoup plus fréquente chez les lypémaniaques que chez les maniaques.

Pour les mêmes raisons encore, le passage à l'état chronique est plus fréquent et souvent plus rapide que dans la manie.

ANATOMIE PATHOLOGIQUE. — Pas plus que la manie, la lypémanie n'a livré au microscope le secret de sa pathogénie intime. On trouve souvent à l'autopsie un état d'ischémie généralisée, de l'œdème cérébral quelquefois, et comme lésions nerveuses fines, les mêmes que celles qui ont été signalées dans la manie. En rapport avec les troubles d'auto-intoxication et les affections organiques multiples qui accompagnent la lypémanie, on reconnaît fréquemment des lésions de névrite périphérique, des lésions viscérales et glandulaires.

DIAGNOSTIC ET PRONOSTIC. — Les troubles gastro-intestinaux du début de la lypémanie peuvent laisser croire à un délire fébrile, celui de la fièvre typhoïde par exemple, mais le doute disparaît bientôt devant l'affirmation des symptômes caractéristiques délirants et sensoriels et l'absence de température ; l'existence même de ces troubles gastro-intestinaux et la permanence des troubles de l'activité générale, permettent, d'autre part, de distinguer le délire secondaire mélancolique du délire systématisé primitif hypochondriaque et de négation. Le diagnostic est quelquefois moins facile avec la paralysie générale à forme mélancolique : l'examen de tous les signes physiques, les commémoratifs et surtout l'absence de l'état démentiel absurde, la ponction lombaire, servent à l'établir. C'est surtout avec la confusion mentale, que la lypémanie, surtout à forme stupide, peut être confondue, aussi bien à l'état aigu qu'a l'état chronique. La connaissance des symptômes cliniques de la confusion, qui seront exposés plus loin, est nécessaire pour assurer le diagnostic.

Il importe — comme pour la manie — de différencier la lypémanie primitive des états mélancoliques qui se rencontrent associés aux diverses intoxications, lésions organiques et maladies nerveuses, et aussi d'apprécier l'état sous-jacent d'amence ou de démence dont ils sont une complication. C'est par l'examen quantitatif des diverses facultés conscientes, que pourra s'établir ce diagnostic de fond, mais en raison de l'absence de réactions positives, de l'inertie ou du mutisme, il sera toujours plus difficile et plus incertain que dans la manie.

Bien que la guérison soit assez fréquente dans la lypémanie aiguë, plus que dans la manie, la gravité des troubles des fonctions végétatives et des sensibilités, la fixité des idées destructives, en rendent le pronostic, immédiat ou éloigné, toujours plus sévère et d'autant plus que les symptômes stupeur ou anxiété sont plus accentués. Toutes choses égales d'ailleurs, un premier accès de lypémanie aiguë, survenu dans l'âge adulte, est d'un pronostic relativement favorable et d'autant plus que les charges héréditaires en sont légères et les causes occasionnelles sérieuses. La lypémanie est peut-être moins récidivante que la manie, mais la rechute en est plus grave et la résistance du lypémaniaque à la chronicité et à la démence, en raison des perturbations plus profondes de son organisation générale, est moins grande que celle du maniaque. Ces considérations doivent guider le médecin qui, près de la famille, ne saurait être trop ferme dans la prescription des précautions à prendre, ni trop réservé dans ses prévisions. Le maniaque exubérant laisse voir, même aux plus aveugles, tout ce qu'il est capable de faire; le lypémaniaque concentré expose à toutes les surprises. Même avec des symptômes légers, il faut le tenir comme toujours en imminence de suicide et même d'homicide, et exposé à des complications organiques qui peuvent mettre sa vie en danger. S'il fait une rechute rapide, le diagnostic devient sombre : si le premier accès se produit à l'âge nubile, la démence précoce est à redouter ; si un accès récidivé ou non se manifeste dans la vieillesse, c'est le plus souvent le prodrome d'une démence terminale.

Comme le maniaque, mais à un degré beaucoup moins précis, le lypémaniaque, même le plus stupide ou le plus anxieux, a conscience de son état, en conserve le souvenir, et après un premier accès, peut sentir et apprécier les prodromes d'une rechute, mais en raison de sa constitution concentrée et négatrice, il reste plus longtemps et plus profondément obnubilé et il cherche plutôt à cacher ou à nier les troubles mentaux qu'il a présentés.

TRAITEMENT. — Les troubles nutritifs et nerveux, les signes d'auto-intoxication, qui le plus souvent durent longtemps et graves avant toute espèce de dérangement mental, peuvent faire redouter l'approche d'un accès mélancolique et justifier un traitement jugulatif de désintoxication et de tonification : purgatifs et antisepsie gastro-intestinale, alimentation forcée et médicaments toniques, morphine et cocaïne dans les cas d'anxiété délirante, balnéation prolongée, enveloppements humides, alitement dans les formes stupides. Il faut parler, pour mémoire seulement, du classique moyen des voyages, des distractions et du traitement moral, qui normalement sont sans efficacité, mais peuvent dans certains cas aggraver les accidents somatiques, tout en donnant un surcroît d'aliments au délire et à l'hallucination.

Si le médecin est en présence d'un mélancolique à la période d'état, délirant, halluciné, stupide ou anxieux, il doit fermement exposer les difficultés du traitement aussi bien dans l'hôpital ordinaire que dans la famille et le danger qui peut résulter des tendances suicides ou auto-mutilatrices du malade, et prescrire son placement d'urgence dans une maison de santé ou dans un asile spécial.

III. — Manie et lypémanie.

Si l'on projette schématiquement sur un même plan toute la symptomatologie de la manie et de la lypémanie et que l'on figure l'état normal ou moyen par une ligne droite horizontale, on voit facilement que toute la symptomatologie du maniaque évolue *au-dessus* de cette ligne, tandis que toute la symptomatologie du lypémaniaque évolue *au-dessous* de cette même ligne, l'une avec le signe +, l'autre avec le signe —.

Dans les deux états psychopathiques, c'est une véritable dislocation de la synergie des facultés psychiques, hyperdislocation dans l'un, hypodislocation dans l'autre.

Mais cette dislocation présente des différences dans son départ et dans sa localisation. Chez le maniaque elle commence et prédomine dans la sphère des facultés conscientes et se manifeste surtout par des troubles de l'idée, de la mémoire et du raisonnement ; chez le lypémaniaque, elle commence et prédomine dans la sphère de la subconscience et se manifeste surtout par des troubles des instincts, des émotions et des affections.

Sur ces symptômes différentiels et ces prévalences distinctives, se manifestent parfois des signes qui paraissent contradictoires et qui éclatent, si l'on peut dire, comme des fausses notes dans un concert. C'est un maniaque qui pleure ou s'affaisse, c'est un lypémaniaque qui rit ou s'agite. De ces cas particuliers, des auteurs ont dans ces derniers temps forgé les *états mixtes*, que le jeu des combinaisons tend à faire innombrables. C'est une autre façon de supprimer la manie et la lypémanie : il n'y aurait plus que des états mixtes. Mais en vérité la clinique n'est pas plus rigide que l'anatomie elle-même. Les états mixtes maniaco-lypémaniaques peuvent être tenus pour des cas particuliers, ou bien qui sont en rapport avec des troubles quantitatifs sous-jacents — ce qui n'entame pas les cadres de la symptomatologie maniaque et lypémaniaque —, ou bien qui sont les manifestations morbides du caractère polycentrique.

Le maniaque et le lypémaniaque sont jugés de façon très différente par le psychiatre et par le public. Le maniaque, bruyant, insolent et désordonné, qui le plus souvent est en réalité peu dangereux, souvent même inoffensif, est tenu généralement, au contraire, pour très dangereux. Dans le langage populaire, c'est lui qu'on appelle « le fou furieux », qu'on redoute et qu'on fuit : il est plutôt antipathique. Le lypémaniaque, au contraire, qui est éminemment dangereux, mais qui se montre discret, pitoyable, n'est pas considéré comme un psychopathe par l'opinion publique faite de sentiment plus que de raison; on le tient communément pour seulement neurasthénique; il est généralement sympathique.

Il y a dans ces distinctions para-médicales des indications utiles pour le praticien, dans ses rapports avec l'entourage du malade et avec le malade lui-même, et aussi pour la rédaction du certificat qui sera établi en vue du placement d'un lypémaniaque dans une maison de santé. Ce certificat, ordonné dans les formes que nous avons indiquées précédemment, exigera d'autant plus de soin, plus de prudence, plus de netteté dans l'exposé des détails, des circonstances et des conclusions, que l'affirmation de nocuité ne pourra être déduite, le plus souvent, que du diagnostic clinique et non des actes accomplis. En particulier s'il s'agit d'un placement administratif, il sera bon de se souvenir que le lypémaniaque, ainsi que nous l'avons vu, n'est pas seulement dangereux pour lui-même, mais aussi pour les autres, et que l'intervention administrative n'ayant pour objet, d'après la lettre de la loi, que la *sécurité publique*, le fait d'indiquer la possibilité du suicide pourrait ne pas être tenu pour suffisant.

Résumé symptomatique de la lypémanie

Exagération de la physionomie et de l'attitude concentriques.
Troubles de la perception : Illusions et hallucinations rétrécissantes.

Troubles de la conscience — Hypoactivité. Concentration et fixité des idées, de la mémoire, du raisonnement et de la volonté. Atrophie du moi. Délire de culpabilité et d'indignité.

Troubles de la subconscience : Passivité triste ou anxieuse des émotions, des affections et des instincts.

Troubles de l'activité — Immobilité de la mimique. Suppression des réactions. Insomnie. Hypoesthésie. Hyposécrétion.

Troubles gastro-intestinaux, avec dénutrition grave.

IV. — Les confusions

Ce sont les médecins arabes qui, les premiers, paraissent avoir entrevu la *confusion mentale* et l'avoir différenciée de la mélancolie avec laquelle elle fut longtemps confondue. Dans sa forme stupide, *Willis* et *Plater* la désignèrent sous le nom d'*hébétude*. *Pinel* en faisait une forme d'*idiotisme*, *Esquirol* une *démence aiguë ; Georget* l'a décrite sous le nom de *stupidité*. Pour *Morel* ce fut la *démence précoce* et c'est *Delasiauve* qui, élargissant son cadre clinique, l'a dénommée confusion mentale, en cherchant, sans grand succès, à lui attribuer une place nouvelle dans la nosographie française. Par contre et d'emblée elle a été adoptée par les Allemands qui, avec *Griesinger*, *Mëynert* et *Schüle*, en ont fait une des formes psychopathiques les plus importantes, et *Kræpelin* l'a prise comme noyau de sa grande synthèse de la *démence précoce*. Remise en lumière en France par les travaux de *Séglas* et de *Chaslin*, elle y a repris sa place au premier rang de la clinique psychiatrique.

ETIOLOGIE. — Dans leur ensemble, les causes *prédisposantes* et *occasionnelles* de la confusion mentale sont les mêmes que celles de la manie et de la lypémanie. L'hérédité vésanique s'y montrerait moins fréquente, cependant, que l'hérédité diathésique. Le terrain sur lequel elle se produit, sa cause fondamentale, est la constitution psychique hésitante et désorientée que nous avons dénommée *caractère acentrique*. Les plus immédiates de ses causes efficientes sont les intoxications et les infections. Souvent liée à l'épilepsie et à l'alcoolisme, la confusion mentale est aujourd'hui, dans ses différentes variétés, la maladie mentale *la plus répandue*. Elle est de tous les âges, de tous les climats, de toutes les professions et paraît d'une fréquence à peu près égale dans les deux sexes.

SYMPTOMATOLOGIE. — La confusion mentale se traduit à première vue par l'exagération de la physionomie et de l'attitude qui distinguent le caractère acentrique. Les troubles de la perception sont des illusions sensorielles généralisées, déformantes, mobiles, effrayantes le plus souvent et qui vont jusqu'à l'hallucination, plus ou moins généralisée, mais accentuée surtout du côté de la vue et de la sensibilité générale. Les facultés conscientes (idée, mémoire, raisonnement, volonté) présentent une torpeur spéciale, faite de ralentissement, de dissociation, de diffusion, entraînant une *dystrophie du moi*, puis du délire onirique, flottant, décousu, automatique, mais intense dans ses images généralement terrifiantes et horribles. Dans la subconscience, il se manifeste une *désorientation* et une désagrégation des émotions, des instincts et de la personnalité, pouvant aller jusqu'à la suppression. Du côté de l'activité générale, c'est une hébétude incohérente de la mimique, de l'automatisme des actes, de l'insomnie, des troubles de toutes les fonctions organiques, particulièrement de l'appareil digestif, avec dénutrition *très grave*.

VARIÉTÉS CLINIQUES. — Comme les autres psychopathies généralisées, la confusion mentale est *subaiguë, aiguë* ou *chronique*. Subaiguë, c'est une *confusion simple*, une sorte de torpeur cérébrale qui peut durer longtemps, qui peut prendre une forme rémittente et qui reste en bordure de la clinique psychiatrique, noyée dans la mer montante des neurasthénies et des psychasthénies.

Avec l'accentuation de ces symptômes, la confusion devient aiguë et s'oriente vers l'une des formes cliniques : *délirante, stupide, hallucinatoire* ou *méningitique*. Si l'accès aigu ne se termine ni par la guérison, ni par la mort, il verse dans la chronocité qui est le plus souvent continue, mais qui, cependant, est susceptible de bouffées aiguës, de rémissions et peut être *intermittente* ou *rémittente*.

Les caractères fondamentaux de la confusion mentale, la *désorientation* et la *dissociation*, font qu'à l'encontre de la manie et de la lypémanie, elle ne donne pas naissance au délire secondaire pseudo-systématisé, que la durée de ses formes aiguës est relativement courte et qu'elle s'accompagne d'un affaiblissement intellectuel souvent très rapide, qui même peut paraître immédiat au point d'avoir été qualifié *démence aiguë*. Cet état mérite bien la dénomination spéciale de *démence précoce*, surtout lorsqu'il se produit à l'âge de la puberté ou de la vie active, en affectant diverses formes qui seront décrites plus loin avec les *démences*.

La confusion aiguë. — Les troubles psychiques de la confusion se produisent *brusquement*, au cours d'un état d'intoxication ou d'infection plus ou moins affirmé, chez les individus à caractère acentrique. Ils débutent par trois signes à peu près constants : la *céphalée*, l'*insomnie* et la *torpeur*, qui plus ou moins discrets et oscillants, dans une étape prodromique qu'on peut appeler asthénique, s'accentuent progressivement jusqu'à l'état aigu, qui peut présenter plusieurs formes.

Confusion mentale délirante. — Avec la prédominance des troubles des facultés conscientes, la confusion est *délirante.* C'est le délire de rêve que *Lasègue* avait signalé dans l'alcoolisme, et que *Regis* a si bien décrit sous le nom de *délire onirique*, véritable état somnambulique ou second, qui se caractérise par l'arrêt des facultés supérieures ou conscientes et par l'activité des facultés inférieures ou subconscientes, et qui serait le délire caractéristique des auto et exo-intoxications. Le confus délirant manifeste, dans son attitude et sa mimique, le ralentissement de toutes les facultés, l'étonnement, l'hébétude ou l'effarement, avec des lueurs de satisfaction, de préoccupation, d'attention, des ébauches de gestes et de paroles et d'initiatives, qui laissent voir que son psychisme n'est pas éteint, mais désorienté et actionné par des forces inconscientes. Il voit, entend, comprend, mais ne peut se localiser, ni s'adapter à ce qui l'entoure et dont il reste comme éloigné. Il ne répond pas aux questions, malgré un effort apparent, il cherche les mots, les ébauche à peine et s'il articule une idée, c'est pour répondre à quelque idée ou image lointaine et imprécise. Il ne reconnaît pas son entourage, s'illusionne sur les personnes qui lui parlent, présente parfois de véritables hallucinations terrifiantes, ne se situe n dans le temps, ni dans l'espace. Cependant sa physionomie accuse par intervalles des impressions émotionnelles diverses, une activité psychique et sensorielle réelle qui semble un *rêve éveillé*. Les qualités substantielles de ce rêve se manifestent par des réactions à forme réflexe, plus ou moins accentuées, en rapport avec des perceptions subconscientes le plus souvent pénibles, tandis que les réactions volontaires paraissent abolies. Tantôt le confus reste indifférent et passif, sans direction, sans but, tantôt il réagit automatiquement contre les stimulants extérieurs. Cet état de confusion onirique aiguë s'accompagne de troubles physiques nombreux et graves, gastro-intestinaux, circulatoires, troubles des sécrétions et des excrétions, avec misère physiologique, amaigrissement, hypothermie. Fréquemment on constate de l'inégalité pupillaire, avec troubles variables et oscillants de l'accommodation, de la diminution ou plus fréquemment de l'exagération des réflexes tendineux, du tremblement des extrémités, de l'embarras de la parole. Souvent le confus présente des attaques convulsives à forme épileptique ou comateuse ou spasmodique, qui peuvent se prolonger et prendre la forme *catatonique* ou *cataleptique*.

La durée de la période d'état dans la confusion délirante est très variable, de quelques jours à plusieurs années. La guérison est assez fréquente et se produit brusquement, comme le début. Mais la mort n'est pas rare, généralement causée par les progrès d'un processus infectieux ou par une complication organique. Un grand nombre de confus versent dans la chronicité, soit dès le premier accès aigu, soit après plusieurs bouffées aiguës ; dans ce cas les facultés mentales s'affaiblissent rapidement et la démence s'installe.

Confusion mentale stupide. — Cette forme se caractérise par la *suspension* de toute manifestation active, avec mutisme absolu, absence de toute mimique, physionomie indifférente. C'est comme un masque de néant qui cache cependant un travail psychique subconscient, se révélant immédiatement par quelques réactions mimiques, et à distance par des bribes — si l'on peut dire — de mémoires et d'idées. Ce travail est un délire de rêve continu, coloré, changeant, qui s'alimente dans un véritable *chaos* sensoriel. Avec cet état psychique s'accuse un ralentissement de toutes les fonctions organiques, du refroidissement, du gâtisme, de la sialorrhée. La stupidité aiguë ne comporte pas une survie de longue durée ; elle se termine soit par la mort, qui est assez fréquente et qui résulte de complications, inanition, syncope, troubles trophiques, soit par la guérison qui généralement se produit progressivement, soit enfin par le passage à l'état chronique qui conduit à la démence catatonique.

Confusion mentale hallucinatoire. — La forme hallucinatoire apparaît dans la confusion, comme l'anxiété dans la lypémanie. C'est une pseudo-agitation qui n'a rien à voir avec l'agitation maniaque, dont on l'a cependant rapprochée, et qui est en rapport avec des troubles sensoriels intenses, surtout de la vue. Ces hallucinations dominantes sont terrifiantes, horribles et *prennent* le sujet tout entier dans une sorte de *cauchemar panophobique.*

Cette agitation hallucinatoire débute et cesse brusquement comme une courte bouffée intercurrente, comme une décharge convulsive, soit au début, soit au cours d'un état confusionnel. C'est une sorte de raptus, d'explosion sensorielle, qui éclate généralement comme départ ou comme épiphénomène d'un état confusionnel simple ou délirant et disparaît sans laisser aucune *empreinte* pathologique spéciale. Pendant ce temps d'explosion, le confus accomplit toute sorte d'extravagances, et fréquemment des actes de violence et de destruction très graves ; il est dans un état de subconscience qui est *le plus réduit* qui se rencontre dans les états psychopathiques, et dont il sort hébété et *sans souvenir.* C'est dire assez que cette confusion hallucinatoire — qui correspond à ce que certains auteurs ont désigné sous le nom de *délire transitoire* — est à la fois le plus dramatique, le plus dangereux et le plus *méconnu* de tous les états psychopathiques aigus.

Pour se représenter la pathogénie de la confusion mentale hallucinatoire, il importe de remarquer l'analogie étroite qui existe entre l'accès hallucinatoire et l'accès épileptique d'une part, entre l'état mental de l'épileptique et celui du confus simple d'autre part. L'un et l'autre sont à peu près exactement superposables : chez l'un comme chez l'autre les accès épileptiques et hallucinatoires, qui souvent se produisent chez le même sujet, sont suivis ou précédés de confusion plus ou moins aiguë, et toujours suivis d'*amnésie* ; enfin ils reconnaissent les mêmes causes occasionnelles. La crise hallucinatoire est généralement courte. La mort doit en être une terminaison rare ; elle peut être le résultat d'un conflit sanglant provoqué par le confus lui-même, ou d'un accident, selon que dans sa panophobie hallucinatoire, il *attaque* ou *fuit* ses ennemis imaginaires. La guérison est la règle, sous la forme d'un retour brusque et complet à l'état antérieur, ou du passage à un état de confusion simple. Les accès aigus de confusion hallucinatoire peuvent se reproduire, comme les accès convulsifs, à intervalles plus ou moins éloignés, sans altérer d'une façon notable le fond intellectuel. Leur répétition conduit, après un temps plus ou moins long, à l'état de confusion chronique et à la démence.

Confusion mentale méningitique. — Lorsque sur le terrain de la confusion éclate un processus infectieux grave, il peut se produire, avec localisation sur le périencéphale, un état *suraigu* qui se manifeste par une violente céphalée, une élévation considérable de la température, une agitation motrice incoercible à forme ataxo-adynamique, avec spasmes, secousses musculaires, convulsions, et un état d'effarement et de dissociation psychique, derrière lequel apparaît une confusion sensorielle à forme *panophobique*. La physionomie est grippée, hagarde, l'alimentation impossible, le pouls rapide, petit, la langue rotie et trémulente ; les excrétions s'arrêtent, les réflexes s'exagèrent, la respiration est accélérée, intermittente.

C'est cette forme spéciale qui est généralement décrite sous le nom de *délire aigu*. Le plus souvent le malade tombe dans le coma et la *mort* survient au bout de quelques jours. Quelquefois les symptômes s'atténuent dans une défervescence progressive qui se termine par la guérison ou le plus souvent par la chronicité.

ANATOMIE PATHOLOGIQUE. — Les lésions nerveuses de la confusion mentale sont celles qu'on rencontre dans toutes les infections et intoxications graves : hyperhémie, engouement des lymphatiques, extravasations sanguines, injection et adhérences piemériennes, piqueté hémorragique de la substance blanche, augmentation et lymphocitose du liquide céphalo-rachidien, lepto-méningite, déformation chromatolique et déplacement nucléaire des cellules du cortex cérébral. Ces lésions sont surtout accentuées et généralisées dans la forme méningitique où elles s'étendent aux prolongements cellulaires, aux noyaux d'origine des nerfs et à la névroglie. C'est aussi dans cette forme méningitique, que certains observateurs ont décelé la présence de staphylo et de streptocoques et découvert un bacille spécial contesté au point d vue de sa spécificité.

Diagnostic et pronostic. — Les troubles psychiques à forme asthénique qu'on rencontre si fréquents et si variés, soit isolés, soit associés aux divers processus pathologiques organiques ou généraux et qu'on englobe sous la dénomination de *psychasthénies*, sont le premier degré morbide du caractère acentrique ; la confusion mentale *simple* est elle-même un degré plus accentué de psychasténie. Le diagnostic est ici une question de mesure.

La confusion aiguë *délirante* peut être confondue avec la lypémanie, l'idiotie et la démence. Elle se différencie de la première par ses caractères pathogneumoniques de désorientation, de dissociation et d'indifférence, et des autres par les anamnestiques et l'examen direct qui décèlent l'activité et la quantité psychiques antérieures.

La forme confusionnelle *stupide* ne peut se confondre qu'avec la lypémanie stupide, mais son diagnostic est souvent fort délicat : en dehors des anamnestiques qui sont précieux, il n'est possible de l'établir que par la différence de la physionomie et de l'attitude. Son pronostic est plutôt favorable, sous la réserve de la démence précoce qui peut s'ensuivre.

La confusion *hallucinatoire* en impose toujours pour l'alcoolisme aigu et d'autant plus qu'elle est beaucoup plus fréquente chez l'homme que chez la femme, et qu'elle reconnaît souvent pour cause occasionnelle des excès de boissons. Essentiellement transitoire, elle est rarement constatée par le médecin qui ne peut la diagnostiquer que *rétros-pectivement* par les commémoratifs et l'examen immédiat révélant la constitution confusionnelle, et aussi par la discussion des actes, dont la soudaineté dramatique et incohérente dépasse celle de tous les autres états psychopathiques, et surtout par *l'amnésie* consécutive. Il importe, le diagnostic établi, de se rappeler que l'accès de confusion hallucinatoire, comme l'accès épileptique, est essentiellement *récidivant* et qu'il justifie les plus graves réserves.

Quant à la forme *méningitique*, délire aigu, la soudaineté et la violence extrêmes de l'agitation ataxique, avec la gravité des symptômes généraux et de la fièvre, suffisent pour ne pas la confondre avec la manie aiguë.

TRAITEMENT. — La confusion mentale, sous toutes ses formes, paraît être sous la dépendance immédiate d'une intoxication ou d'une infection grave ; c'est donc à la cause qu'il faut s'attaquer par les moyens anciens ou nouveaux, et avec un éclectisme inspiré des circonstances et des individualités : purgatifs, laxatifs, saignées, lavages de l'estomac et de l'intestin, médication antitoxique, diurétique, tonique, balnéo et clinothérapie. Dans la forme stupide, il est utile d'ajouter la thérapeutique reconstituante et excitante du système nerveux : séro et opothérapie, hydro et électrothérapie. La confusion hallucinatoire, aussi fugace que violente, échappe le plus souvent au médecin qui ne voit le malade qu'après son accès, soit à son domicile, soit à la prison où l'a conduit un délit ou un crime. Pendant l'accès, le confus hallucinatoire n'est justiciable que des hypnotiques à doses massives et des bains prolongés. Le plus souvent il relève — que les apôtres du *no-restraint* nous pardonnent — de la camisole de force, qui peut *seule* mettre en sécurité lui-même et les autres.

Depuis quelques années une tendance se dessine en faveur du traitement soit à domicile, soit dans les hôpitaux ordinaires, des états psychopathiques aigus, particulièrement des états confusionnels. La confusion, dit-on, complication psychique d'une maladie toxique ou infectieuse, rentre dans la pathologie générale ; elle doit donc être *traitée* à l'hôpital et *non internée* dans l'asile. Renchérissant sur cette opinion, certains utopistes — qui ne sont peut-être que des ironistes — estiment qu'avec un peu de bonne volonté, les chroniques et les déments pourraient être soignés dans leurs familles ou dans les colonies familiales, ce qui, avec un rien de bonne volonté en plus, conduirait à la suppression pure et simple des établissements *d'aliénés*. Et le premier résultat de la diffusion de ces idées neuves, c'est la tendance à construire de nouveaux asiles fermés dans les colonies familiales et des cabanons dans les hôpitaux ! Le praticien calme et réfléchi, qui vit en contact avec les réalités, loin des tournois d'école et des fantaisies paradoxales, ne doit voir que deux choses, l'intérêt du malade et l'intérêt collectif. Que son malade soit un maniaque, un lypémaniaque ou un confus, il sait qu'il ne pourra trouver ni dans la famille ni à l'hôpital les moyens de surveillance et de traitement qui lui conviennent. Jusqu'à preuve du contraire, il estimera que l'asile et la maison de santé ne sont pas autre chose que des *hôpitaux spécialement destinés au traitement de toutes les maladies mentales*, et ces considérations suffiront à le déterminer utilement dans ses prescriptions, comme aussi dans les conclusions du certificat qu'il sera appelé à établir; mais il y trouvera une raison de plus pour s'appliquer à formuler les unes et les autres avec compétence et dans les formes les plus régulières.

Résumé symptomatique de la confusion mentale

Exagération de la physionomie et de l'attitude accentriques.
Troubles de la perception : Illusions et *hallucinations* surtout *visuelles.*

Troubles de la conscience { Ralentissement et dissociation des idées, de la mémoire, du raisonnement, de la volonté. *Amnésie. Délire onirique.* Dystrophie du moi.

Troubles de la subconscience : Désorientation et dislocation des émotions, des affections, des instincts, de la personnalité.

Troubles de l'activité { Hébétude. Automatisme des actes avec ou sans convulsions motrices. Insomnie. Indifférence de la mimique.

Troubles gastro-intestinaux avec dénutrition très grave.

V. — Synthèse pathogénique des psychopathies

Des descriptions et considérations qui précèdent, il ressort que la *manie*, la *lypémanie* et la *confusion* ont pour cause fondamentale une constitution psychique faite d'hérédité et d'acquisition, dont le caractère est spécial à chacune d'elles, *excentrique*, *concentrique* ou *acentrique*. Et par là elles méritent bien d'être tenues, au point de vue clinique, pour des maladies du caractère et pour des espèces différentes.

Psychopathies et épilepsie. — Mais elles reconnaissent les *mêmes* causes occasionnelles, et présentent deux symptômes communs, qui sont la *dislocation*, en plus ou en moins, de l'activité générale et la *forme paroxystique* des accidents psychiques. Et cette équivalence étiologique et symptomatique autorise à leur attribuer un même processus pathogénique, sous l'influence duquel, quelle que soit sa gravité, et par le fait de lésions qui dans leur ensemble apparaissent comme identiques, le caractère excentrique fait de la *manie*, le concentrique de la *lypémanie*, l'acentrique de la *confusion*.

L'analogie des accès psychiques avec les accès moteurs, qui déjà avait fait rapprocher la manie de l'épilepsie et qui a conduit certains auteurs à considérer la démence précoce, la folie maniaque dépressive et l'épilepsie, comme des maladies équivalentes et superposables, est surtout remarquable pour la confusion. L'*état mental des épileptiques*, qu'on a décrit comme une forme constitutionnelle spéciale, n'est pas autre chose en vérité que le *caractère acentrique confusionnel*. Les causes étiologiques personnelles et héréditaires de l'épilepsie sont bien les mêmes que celles de la confusion ; les troubles psychiques à forme dépressive ou excitée, ou délirante ou phobique, qui précèdent ou suivent les accès convulsifs, ou qui les remplacent à titre d'*équivalents* et qui ont été décrits sous le nom d'*épilepsie larvée*, sont *des bouffées de confusion* plus ou moins aiguë, délirante ou hallucinatoire, véritables états seconds ou de somnambulisme. Mais à les considérer de près, on peut voir qu'il ne s'agit *jamais* d'accès maniaques, ni lypémaniaques, ni de délires systématisés.

D'autre part on a vu que les accès convulsifs à forme épileptique sont fréquents chez les confus. Certains d'entre eux font *alternativement* des accès convulsifs et des bouffées délirantes hallucinatoires, qui présentent les mêmes caractères de soudaineté, de désordre, d'automatisme et qui sont suivis de la même amnésie.

Ces rapprochements suffisent à légitimer cette opinion, que les maladies convulsives et les confusions mentales sont des affections nerveuses de même nature, reconnaissant pour cause commune le terrain de la prédisposition psychique *acentrique* et ne différant les unes des autres que par des localisations spéciales et différentes, dans leur prédominance, de lésions nerveuses centrales, lesquelles sont vraisemblablement des dystrophies cellulaires congénitales ou acquises et des lésions irritatives d'intoxication ou d'infection. Selon que ces dystrophies et lésions touchent surtout les centres *moteurs,* ou *psychiques,* ou *sensoriels,* il se produit des accès *convulsifs, délirants* ou *hallucinatoires,* ou un *mélange* ou une *succession* des uns et des autres. L'épilepsie est une confusion *surtout motrice,* comme la bouffée hallucinatoire est une épilepsie *surtout sensorielle,* comme la confusion délirante est une épilepsie *surtout mentale,* et le chapitre des psycho-névroses se confond ainsi avec celui des confusions.

VI. — Les états psychopathiques mixtes

Dans l'ancienne *folie à double forme,* on peut voir le plus souvent une manie intermittente dont les accès aigus sont suivis de périodes de dépression critique, mais il se trouve des cas que l'absence ou l'incertitude du syndrome maniaque initial ne permet pas d'expliquer ainsi, et chez lesquels on peut constater à des degrés divers des symptômes de maniérisme, de perversion et de suggestibilité, tels qu'on les rencontre chez les hystériques.

Il existe aussi des individus chez lesquels on

note, à l'analyse clinique, des successions ou des mélanges un peu déconcertants de symptômes maniaques et lypémaniaques et qu'on appelle des *oscillants*.

Quelquefois même s'ajoutent et s'interposent aux symptômes maniaques et lypémaniaques des symptômes confusionnels, et l'on a pu dire que la confusion était susceptible de s'allier à tous les autres états psychopathiques.

Dans tous ces cas, on peut constater, ou trouver dans les antécédents, des manifestations de l'état psychique fondamental qui est et reste celui des hystériques, de même qu'on peut observer des idées successives et décousues dans les modes les plus opposés, persécution, grandeur, humilité : le tout empreint de la *mobilité*, de la *suggestibilité*, de la *polymorphie* qui sont le *fond psycho-hystérique*, le caractère polycentrique, lequel confère à ceux qui en sont marqués la propriété de pouvoir présenter alternativement, sans ordre et sans transition, toutes les formes de psychopathies généralisées. Ce sont les *états mixtes*.

Ces états, dont les variétés cliniques sont très nombreuses, ne se plient pas à une description d'ensemble. Chacune de leurs manifestations morbides, plus ou moins courtes, plus ou moins distinctes, plus ou moins imbriquées, correspond à l'un des tableaux symptomatiques de la manie, de la lypémanie et de la confusion, et relève du traitement particulier à chacune de ces formes.

Classement des psychopathies

Manie	Subaiguë. Excitation maniaque. Aiguë. Chronique. Délirante.
Lypémanie	Subaiguë. Dépression lypémaniaque. Aiguë. Chronique. Délirante.
Confusion hallucinatoire	Aiguë. Accès hallucinatoire. Suraiguë. Délire aigu. Chronique. Convulsive.
Confusion délirante	Aiguë. Confusion mentale. Suraiguë. Stupidité. Chronique. Convulsive.
Etats mixtes	Succession ou mélange des syndromes maniaque, lypémaniaque, confusionnel.

CHAPITRE III

Psychopathologie qualitative

MALADIES PARTIELLES

Les psychopathies-maladies du deuxième groupe, sont caractérisées par des troubles qualitatifs plus ou moins circonscrits ou *partiels* au départ, plus ou moins progressifs dans leur évolution et qui n'intéressent qu'une partie plus ou moins étendue du psychisme conscient et subconscient.

Occasionnées et entretenues par des excitations extérieures qui augmentent de jour en jour, leurs variétés se sont multipliées peu à peu, dans les descriptions des observateurs, et, au siècle dernier, elles ont formé un groupe nosologique, les *monomanies*, qui, après avoir tenu une place considérable dans la clinique mentale, a lui-même disparu devant des catégorisations et des synthèses nouvelles.

Après *Lasègue* qui, le premier, retrancha du groupe envahissant des monomanies le *délire systématisé de persécution*, pour en faire une forme clinique nouvelle, et, *Morel* qui fit une classe à part des *délires héréditaires*, *Magnan* ouvrit un fossé profond entre le *délire chronique*, dont il fit une véritable entité morbide, et les *délires systématisés aigus* et autres, dont il forma le groupe des *folies des dégénérés*.

L'opposition entre *chronicité* et *acuité*, entre *dégénérescence* et *non dégénérescence* — ou moindre dégénérescence, — en tant qu'élément de diagnostic nosologique, est un artifice ingénieux, mais on peut tenir pour au moins obscur que soit qualifié *dégénéré* tel individu qui ne présente aucun signe physique de dégénérescence, mais fait une psychose d'interprétation, plutôt que tel autre qui est criblé de stigmates dégénératifs, mais fait une psychose systématique chronique de persécution, surtout si l'on reconnaît que les *dégénérés* peuvent présenter, de façon plus ou moins complexe, *toutes les formes* des psychopathies et des psychoses.

En fait le *délire chronique* de *Magnan*, dans la rigueur de sa systématisation et de son évolution, paraît seulement une curiosité clinique. Aussi bien l'antithèse doctrinale du *délire chronique* et des *folies des dégénérés*, malgré l'autorité de son auteur et de ses élèves, n'a pas été généralement acceptée ni en France, ni à l'Etranger. Les Allemands et les Italiens, dans le même temps, ont réuni sous le nom de *Paranoïa* dans un même groupement toutes les psychoses aiguës et chroniques partielles, caractérisées par des idées morbides circonscrites, et la conception paranoïenne, dans son ensemble, nous paraît, à l'heure actuelle, la plus conforme à la réalité des faits cliniques.

La *chronicité* et la *démence d'emblée* ne paraissent pas plus acceptables dans les psychoses partielles que dans les psychopathies généralisées. Ne sont-elles pas simplement, dans les unes comme dans les autres, plus ou moins rapides ou précoces ? En vérité tous les troubles intellectuels, moraux, sensoriels, émotifs ou instinctifs qui, dans leurs modalités et leurs dominances, constituent les variétés cliniques des psychoses partielles, débutent sous une forme plus ou moins aiguë, qui peut disparaître, se reproduire ou s'organiser en un système mental plus ou moins net, avec une impulsivité subconsciente plus ou moins grande, et sur un fond de réactions générales variable. La *dégénérescence*, à ses divers degrés et avec ses localisations fonctionnelles prédominantes, n'est-elle pas le terrain commun à toutes les psychoses, la véritable *diathèse* des maladies psychiques, selon l'expression qui commence à s'accréditer en psychiatrie ? Il semble bien, pour le moins, qu'elle est le fond de toutes les psychoses *partielles*, dont les variétés cliniques sont conditionnées seulement par le degré et la localisation dans le psychisme des lésions dégénératives prédominantes.

PSYCHOSES INTELLECTUELLES ET PSYCHOSES MORALES. — Toutes les variétés de psychoses partielles ont comme point de départ et comme symptôme commun un trouble de la perception plus ou moins accentué.

Lorsque ce trouble qualitatif se prolonge principalement sur les facultés psychiques dites supérieures ou conscientes, il donne lieu à une *psychose* partielle surtout *intellectuelle*, dont le caractère est la *systématisation*.

Si ce même trouble atteint surtout le psychisme inférieur ou subconscient, il produit une psychose surtout *morale*, dont le caractère est l'*impulsivité*.

Lorsque enfin ce trouble de perception se communique à la fois et au même degré aux facultés du psychisme supérieur et du psychisme inférieur, il cause une psychose partielle qui est *intellectuelle et morale*.

Et ainsi l'on peut diviser le groupe des psychopathies-maladies partielles en trois classes :

1° Les psychoses intellectuelles (systématisées) ;

2° Les psychoses morales (impulsives) ;

3° Les psychoses mixtes (morales-intellectuelles).

I. — Les psychoses intellectuelles.

Lorsque dans le psychisme de l'*égocentrique*, le trouble initial de la perception se présente d'abord dans les facultés de la conscience (mémoire, idée, raisonnement), il donne naissance à une psychose à prédominance intellectuelle, dont la caractéristique clinique est la *systématisation* et dont la variété dépend de la prédominance idéative du sujet. Théoriquement, il pourrait donc se produire autant de variétés de psychoses intellectuelles qu'il y a d'idées susceptibles d'être faussées et c'est ce qui explique l'abondance des monomanies qui ont été décrites par les auteurs et dont le verbe — non la connaissance — est resté populaire.

En fait, la substance délirante ou interprétante s'agglutine autour de quelques complexus idéatifs comme l'orgueil, l'ambition ou la crainte, qui sont les moteurs ordinaires de l'activité humaine, et, dans leur variété de décor, d'expression et d'enchaînement, les psychoses intellectuelles se ramènent au *mysticisme*, à l'*ambition*, à la *persécution*, à l'*hypochondrie* qui sont en puissance dans le fond mental de tous les individus à caractère égocentrique. Ceux qui sont de *tempérament actif* versent dans le mysticisme et l'ambition, tandis que les autres à *tempérament passif* tombent dans la persécution et l'hypochondrie.

ÉTIOLOGIE. — Les causes *prédisposantes* sont, à un degré moindre que pour les psychopathies généralisées, l'hérédité psychopathique ou nerveuse et les conditions d'âge, de sexe, de climat et de temps. Plus fréquentes chez l'homme que chez la femme, les psychoses partielles intellectuelles frappent surtout l'âge adulte et les races à civilisation avancée. Leur cause principale et fondamentale est la constitution mentale qui distingue le *caractère égocentrique*. Elles débutent à l'occasion d'émotions, de chagrins, de misère, de surmenage, de traumatismes et souvent sans cause immédiate apparente.

SYMPTOMATOLOGIE. — Dans les psychoses partielles intellectuelles on peut distinguer des *formes aiguës* et des *formes chroniques*, selon les modes de leur évolution et la nature des réactions qui les accompagnent. Là, comme dans les maladies généralisées, il ne s'agit entre les unes et les autres que de différences de temps et d'objectivation en rapport avec des fonds *quantitatifs* différents.

La symptomatologie des psychoses partielles intellectuelles aiguës et chroniques prend sa forme et sa couleur dans les ambiances de temps, de climat, de civilisation, d'éducation ; elle change avec le progrès et la mode ; les ensorcelés, les possédés, les damnés du moyen âge sont devenus les électrisés, les mouchardés, les rayonixés de notre siècle, comme les théomanes et les prophètes sont devenus des empereurs, des milliardaires ou des inventeurs. La croyance au miracle, au paradis et à l'enfer se raréfiant devant le progrès de la science positive et de la morale objective, les variétés de psychoses *mystiques* et *hypochondriaques*, qui jadis constituaient presque toute la nosologie des délires partiels, deviennent de plus en plus rares, tandis que les variétés *ambitieuses* et *persécutées* se montrent plus fréquentes.

Formes aiguës. — Dans les formes aiguës, qui se produisent sur un fond de *moindre quantité* intellectuelle, sur un fond de dégénérescence plus accentuée, le début peut être relativement brusque, bruyant, la systématisation hâtive et moins sûre, les réactions rapides, parfois incohérentes, les idées et les perceptions plus troublées et plus flottantes. Ces troubles peuvent rester toujours *illusionnels et interprétants*, et sont susceptibles de rémittences, de régressions, de guérison au moins apparente, mais ils sont essentiellement *récidivants*.

Formes chroniques. — Dans les formes chroniques, le début et la période d'*incubation* ou d'*analyse subjective* sont insidieux, imperceptibles souvent pendant très longtemps, et ce n'est réellement qu'à la période d'état ou d'*explication* que le trouble psychique — interprétant ou délirant — peut être considéré comme pathologique. A ce moment l'attitude et la physionomie propres au caractère anormal égocentrique apparaissent exagérés. Méfiant, réticent, absorbé ou extatique, mystérieux et important, ou satisfait et rayonnant, le psychosique partiel intellectuel ne se livre pas, se tient sur la défense, enfermé dans son *système*. Ses interprétations et ses illusions, parties de rien si l'on peut dire, s'organisent et s'affirment progressivement, étapes par étapes, et deviennent peu à peu *délire et hallucinations*. Le délire s'étend dans le domaine des idées ; l'hallucination partie souvent d'un sens envahit le domaine sensoriel tout entier ; la marche de la psychose est progressive et continue, embrassant toute la vie et se terminant dans la démence.

On peut donc ainsi, dans les psychoses partielles intellectuelles, distinguer deux *variétés* cliniques qui ne sont en réalité que les degrés d'un même processus morbide. Dans la première qui peut-être dite *interprétante illusionnelle*, il y a simplement trouble de déformation, de grossissement ou de rétrécissement des idées et des perceptions ; cette variété, en rapport avec la faiblesse quantitative constitutionnelle, correspond aux psychoses aiguës. Lorsque ses manifestations idéo-sensorielles relativement concrètes, tendent vers l'abstraction, elles forment la deuxième variété ou deuxième degré, avec le délire et l'hallucination qui caractérisent les psychoses chroniques à la période d'état : cette variété peut être appelée *délirante hallucinatoire*.

Quelle que soit la forme ou la variété, le mécanisme pathogénique est le même. Sous l'influence de l'illusion d'abord, de l'hallucination ensuite, les facultés de la conscience se faussent, les idées et associations d'idées s'orientent dans une direction particulière qui est la caractéristique, le *système* propre à chaque cas considéré, mystique, persécuté, ambitieux ou hypochondriaque. Malgré l'hyperactivité des facultés ou plutôt de certaines facultés, hyperidéation, hypersyllogisme, le mécanisme intellectuel peut rester régulier pendant de longues années. Mais la psychose, en raison des connexions étroites qui existent entre les facultés de la conscience et celles de la subconscience, ne reste pas indéfiniment *purement* intellectuelle ; à la longue l'hyperactivité intellectuelle réagit sur les facultés de la subconscience, en provoquant des troubles émotifs et de la déviation des affections et des instincts, et la psychose devient *intellectuelle-morale*.

Dans tous les cas l'activité générale peut rester normale, bien qu'assez souvent dans les psychoses aiguës elle présente des troubles en bouffées d'excitation ou en dépression. Le plus souvent il ne se manifeste aucune perturbation des fonctions de la vie végétative.

Anatomie pathologique. — Il n'y a pas de lésions macro ou microscopiques qui puissent être considérées comme propres aux psychoses partielles. Hors les cas de maladie intercurrente mortelle, l'état des centres nerveux n'est constaté qu'à la période ultime de chronicité et l'on y relève les lésions — à un degré plus ou moins avancé — qui ont été énumérées pour les psychopathies généralisées, des anomalies morphologiques, en rapport avec la dégénérescence, des lésions néoplasiques ou nécrobiotiques localisées et le plus souvent... rien.

Diagnostic et pronostic. — Les psychoses partielles intellectuelles aiguës et chroniques, à quelque période qu'on les considère, se différencient assez facilement des idées délirantes et des troubles sensoriels qui se produisent dans les psychopathies, généralisées et qui sont toujours soudains, complets d'emblée et non systématisés. L'*absence* de troubles de l'activité générale aide encore au diagnostic.

La distinction entre la forme aiguë et la forme chronique se déduit de la symptomatie propre à chacune d'elles, et aussi des antécédents personnels et héréditaires, étant entendu que les psychoses dites aiguës, qui sont parfois désignées sous le nom de *psychoses des dégénérés*, supposent en effet une tare dégénérative *plus accentuée* et un *fond quantitatif moindre* que les psychoses chroniques.

Le pronostic des psychoses partielles intellectuelles est aussi sombre que possible. Apparent ou non, leur départ se fait *dès l'âge d'évolution* et suit une marche *fatale*. Si les troubles idéo-sensoriels sont plus bruyants, moins bien organisés, indiquant un fond de dégénérescence plus accusé, ils autorisent à prévoir l'*intermittence* ou au moins l'accalmie et l'éclipse, mais ils forcent à considérer la récidive comme certaine. Si les troubles idéo-sensoriels sont régulièrement et lentement progressifs, organisés avec calme et précision, indiquant un fond quantitatif supérieur, ils ne laissent pas de place à l'espoir de la guérison, ni même de l'amélioration.

Traitement. — Dans les psychoses intellectuelles, quelles qu'en soient la forme et la variété, il ne peut donc être question que d'un traitement palliatif dont les moyens sont dictés par le tempérament et la constitution physiques, pour chaque cas particulier. Le traitement ne peut tendre qu'à modifier, par une *règle*, une *discipline* et une *hygiène impératives*, dans le sens du moindre mal, les manifestations de l'activité générale. Le traitement utile est d'ordre plutôt social ; il consiste à mettre le malade, par un isolement surveillé ou mieux par un internement opportun, dans l'impossibilité de nuire à lui-même, à sa famille ou à la collectivité.

Les malades atteints de psychose intellectuelle sont en effet les plus dangereux de tous. Ils sont par définition *antisociables* ou pour le moins *insociables*. La plupart des attentats qu'ils commettent pourront peut-être dans l'avenir être évités par des mesures préventives, mais l'opinion publique qui est actuellement souveraine en matière psychiatrique, comme en toutes autres, ne reconnaît les délirants partiels pour *aliénés* que lorsqu'ils ont, pour le moins, commis un crime ou causé un gros scandale. Et les aliénistes sont pris dans ce dilemme radieux et absurde, que proclame bruyamment à toute occaion la presse populacière : ou le psychosique est l'objet de mesures restrictives et interné AVANT d'avoir tué et il est *victime* d'une séquestration arbitraire, ou bien il n'est interné qu'APRÈS avoir tué et alors son crime démontre l'ignorance ou l'incurie de ceux qui ont la charge de la défense sociale.

Dans la pratique il arrive donc le plus souvent

que le médecin n'est appelé qu'après qu'il s'est produit de l'irréparable ; son diagnostic est alors facile à défendre. Si, d'aventure, il est appelé avant, il se trouve dans la situation la plus délicate et la plus périlleuse qui soit. Il a toutes les chances de se tromper ou d'être trompé : entourage indélicat ou timoré, machinations familiales, jeu des circonstances et des coïncidences, suggestions de toute sorte. Que son diagnostic soit juste ou non, que son intervention soit positive ou négative, il prêtera le flanc aux coups. Il sera entrepris, soit par le *client malgré lui*, soit par la famille, souvent par l'opinion, quelquefois même par la justice. Là, comme en toutes autres circonstances, il obéira à son devoir qui est d'être utile selon sa conscience, mais il ne négligera pas de s'entourer de précaution : la première et la plus importante sera de se refuser à prendre *seul* la responsabilité d'un certificat, quel qu'il soit.

Variétés de psychoses intellectuelles. — Dans les psychoses intellectuelles, l'égocentrisme peut être *actif* ou *passif*. L'égocentrique sera *sauveur* ou *victime*. D'où deux variétés de psychoses : les *psychoses messianiques* et *ambitieuses*, les *psychoses de persécution* et d'*hypocondrie*.

Psychoses messianiques et ambitieuses. — Ces deux variétés de psychoses, avec des degrés et des modalités divers, ont la même allure *mégalique*.

Elles ne diffèrent que par leur point de départ : dans la première le sujet emprunte sa grandeur à une Puissance *extérieure*, dans la seconde *il est* la Puissance elle-même. L'une et l'autre suivent la même marche. Aiguës ou chroniques, interprétantes illusionnelles ou délirantes hallucinatoires, elles sont plus ou moins objectives et plus ou moins agissantes.

Si, sous l'influence du travail égocentrique, dans la période d'incubation, les premiers troubles psycho-sensoriels s'orientent dans le sens des symbolismes religieux, il s'établit un système mystique qui peut se limiter à la simple *mission* providentielle ou s'étendre jusqu'au *salut* universel. C'est de la psychose messianique que le genre humain tient ses pires ennemis, missionnaires et sauveurs, exterminateurs d'infidèles, prêcheurs de croisades, régicides, réformateurs illuminés, fondateurs de sectes, qui, pour faire le bonheur des hommes et assurer le salut des âmes, ont, dans tous les temps, ensanglanté l'histoire.

Lorsque les premiers troubles de perception révèlent au sujet sa supériorité propre, il aiguille vers l'*ambition* et la grandeur, dans lesquelles il peut, comme le messianique, selon son degré de quantité et de résistance psychiques, s'élever plus ou moins haut dans l'échelle morbide. Aigu, intermittent ou chronique, *interprétant illusionné*, ou *délirant halluciné*, l'*ambitieux* deviendra un grand inventeur de chimères, un général invincible, un maître du monde et Dieu lui-même.

Messianiques et ambitieux sont également agissants et fertiles en réactions anti-sociales, mais à des degrés et selon des mécanismes différents. Les premiers, dont l'individualité se perd dans la Puissance qui les inspire et dont ils deviennent les délégués fanatiques et irresponsables, sont portés à la violence dès le début de la psychose ; ils sont des facteurs de contagion mentale, ils sont dissimulés, astucieux ; ils résistent plus que tous autres à la démence ; ils sont *les plus dangereux*. Les autres sont généralement et pendant longtemps éloignés des violences vulgaires par leur grandeur même, et c'est le plus souvent pour attirer l'attention, quand leurs facultés s'affaiblissent, qu'ils se livrent au grand jour, à des actes anti-sociaux.

Psychoses de persécution et d'hypochondrie. — Ces deux formes de psychose se distinguent l'une de l'autre par une différence analogue à celle qui a déjà été relevée chez les messianiques et les ambitieux. Le persécuté attribue ses tourments à une influence *extérieure* ; l'hypochondriaque en trouve la cause *en lui-même*. L'un et l'autre suivent la marche systématique et progressive qui est commune à toutes les psychoses partielles intellectuelles. Ils peuvent être aigus, intermittents ou chroniques, se tenir au degré interprétant illusionnel ou marcher jusqu'au délire hallucinatoire.

La *psychose de persécution*, très ancienne assurément, est aujourd'hui la plus fréquente des psychoses partielles. Ses manifestations augmentent de jour en jour, parallèlement à ce qu'on est convenu d'appeler « le progrès de la civilisation », qui multiplie sans cesse ses causes efficientes et occasionnelles.

C'est la psychose de persécution, qui au moyen âge produisait déjà, par-ci par-là, les démonopathes et les lycanthropes, et qui aujourd'hui, sur une vaste échelle, enfante les magnétisés, les hypnotisés, les rayonixés, les télépathisés. Cette variété clinique, dans laquelle se rencontre avec le plus de netteté l'enchaînement systématique, répond, dans son expression la plus complète, au délire chronique de *Magnan*. A son degré le plus discret, la psychose de persécution *anime* la foule des incompris, des récriminateurs, des *processifs*, tous plus ou moins persécuteurs, que l'opinion même éclairée ne se résigne pas à considérer comme des malades, et qui encombrent ou troublent tous les organismes sociaux.

La *psychose hypochondriaque* est beaucoup plus rare. Elle ne se produit que sur le degré le plus accentué du tempérament passif et généralement sur un fond de déséquilibre organique ancien. Sa systématisation est la plus subjective de toutes et elle reste souvent et longtemps méconnue par le manque même de réactions. Elle peut, comme la forme persécutée, monter tout ou partie de la gamme des interprétations, délires, illusions et hallucinations, alimentée par l'inquiétude nosophobique portant sur mille maladies plus ou moins imaginaires, exagérant ou créant la maladie, la zoophorie, et poussant jusqu'au *délire de négation,* dans lequel l'hypochondriaque croit qu'il n'a plus d'organes, qu'il se raréfie, qu'il est mort.

La psychose hypochondriaque est de tous les états psychosiques celui qui se rattache le plus certainement — primitivement ou secondairement — à des lésions organiques réelles, particulièrement aux affections néoplasiques et aux maladies chroniques de l'appareil digestif : c'est là une indication utile au point de vue de la thérapeutique des causes.

En raison de leur constitution passive, les persécutés et les hypochondriaques sont généralement peu portés aux réactions violentes, bien que menaçants pour eux-mêmes et pour les autres. C'est une erreur de croire, en particulier, que les persécutés — les persécutés atteints de psychose intellectuelle partielle, et non pas ceux qui présentent des idées de persécution sur un fond de psychopathie généralisée — sont par définition les plus dangereux de tous les psychopathes. Les véritables persécutés et hypochondriaques systématisés, dépensent toute leur énergie psychique et le peu d'activité dont ils sont capables à ergoter, à analyser et à discuter leurs idées et leurs sensations, et s'il leur arrive de se laisser aller les uns à l'homicide, les autres au suicide, c'est le plus souvent à la période ultime et prédémentielle de leur maladie. Mais en pratique, le diagnostic établi, il est prudent de les considé-rer toujours comme dangereux et il devront être iso-lés, parce qu'ils sont *éminemment sensibles* aux excitations extérieures et sujets à des raptus im-prévus.

L'hypochondriaque n'est dangereux que pour lui-même ; le persécuté n'est dangereux — géné-ralement — que pour les autres. Il faut savoir ce-pendant que certains persécutés qu'on a désignés sous l'appellation de *persécutés mélancoliques*, sont portés à échapper à la persécution par le suicide.

Résumé symptomatique des psychoses intellectuelles

Exagération de la physionomie et de l'attitude égocentriques.
Troubles de la perception : illusions et hallucinations en-
   chaînées.

Troubles de la conscience (primitifs)	Hypertrophie de la mémoire. *Systématisation* des idées, du rai-sonnement et de la volonté. Hypertrophie *expliquée* du moi.
Troubles de la subconscience (secondaires)	Hyperémotivité, Dislocation des sentiments, des affections et des instincts, de la réflectivité.

Troubles de l'activité générale : nuls.
Troubles de la vie végétative : nuls.

II. — Les psychoses morales.

Quand, chez l'individu à caractère *egocentrique*, les premiers troubles de la perception influencent surtout le psychisme subconscient, ils donnent naissance à une *psychose morale*, dont la variété dépend de la prédominance émotive, affective ou instinctive du sujet. Les variétés de psychose morale sont donc aussi nombreuses que les sentiments, les instincts et les émotions qui leur servent de substratum. Leur caractéristique est l'*impulsion* et leur forme est surtout sous la dépendance du tempérament.

Bien que les variétés cliniques de cette catégorie de psychoses soient, moins facilement que les psychoses intellectuelles, différenciables les unes des autres, et qu'elles soient surtout conditionnées par la tare dégénérative dont les modalités varient à l'infini, elles peuvent cependant se prêter à une même description générale.

ÉTIOLOGIE. — A l'inverse des psychoses intellectuelles, les psychoses morales paraissent plus fréquentes chez la femme ; on les rencontre dans tous les milieux sociaux, et elles se manifestent toujours de très bonne heure, dès le jeune âge, par des anomalies du caractère et du tempérament, à la puberté par des troubles émotifs ; le plus souvent, elles sont déjà établies à la fin de l'adolescence. C'est dire que

les causes occasionnelles, si on peut en reconnaître, n'ont dans l'évolution de ces maladies qu'une
influence insignifiante et que les causes efficientes
se ramènent à une seule, la tare dégénérative,
l'hérédité, ce qui justifie l'appellation de *folies héréditaires* qui leur a été donnée.

Symptomatologie. — La différenciation des états
aigus et chroniques est beaucoup plus difficile que
dans les psychoses intellectuelles. Les psychoses
morales sont si intimement liées à la constitution
des sujets, qu'elles peuvent être tenues pour *congénitales et chroniques.*Les états qu'on serait porté
à tenir pour aigus, sont plutôt des bouffées paroxys-
tiques, comportant des intermittences et des remit-
tences sur le fond chronique.

L'attitude et la physionomie *égocentriques* sont
réquemment accentuées par des stigmates grossiers de dégénérescence physique : malformations,
déformations ou asymétries.

Tandis que dans les psychoses intellectuelles les
déviations de la perception agissent surtout sur les
facultés supérieures qu'elles déforment, dans les
psychoses morales, ces mêmes déviations influencent surtout et tout d'abord les facultés subconscientes, disproportionnant les émotions, dissociant
les affections, détraquant les instincts. Secondairement, lorsque ces troubles ont déjà une longue
durée, il s'ensuit une altération progressive des
idées et du raisonnement, un déséquilibre de l'ac-

tivité qui se traduit par une prédominance de l'impulsion sur la volonté.

Le sentiment tenant dans la subconscience une place analogue à celle de l'idée dans la conscience, il pourrait se produire théoriquement autant de psychoses morales qu'il y a de sentiments susceptibles d'être altérés ; et l'on comprend que toutes les variétés soient au départ des *maladies du sentiment*, comme les psychoses intellectuelles sont toutes au départ des *maladies de l'idée*. Mais on peut cependant les diviser en psychoses *émotives*, *affectives* et *instinctives*, selon que, dans leurs manifestations d'état, elles se traduisent surtout par des troubles subjectifs des émotions, ou bien qu'elles s'objectivent par des troubles plus profonds des affections ou des instincts.

DIAGNOSTIC ET PRONOSTIC. — Le diagnostic s'établit très simplement par l'observation du tableau symptomatologique que nous venons de voir et par l'*absence* de troubles de l'activité générale. Le pronostic est aussi sévère que celui des psychoses intellectuelles.

TRAITEMENT. — La question du traitement comporte exactement les mêmes considérations que pour les psychoses intellectuelles, mais peut être envisagé avec plus de sérénité. Les malades atteints de psychose morale à ses divers degrés ou formes, sont en effet peu portés aux actes homicides ou destructeurs ; ce sont plutôt des tortionnaires, qu'on voit venir, de véritables antisociaux qui raisonnent, dont l'activité paraît normale à la collectivité, contre lesquels il y a lieu — avant toute autre considération — de prendre des mesures de préservation sociale qui sont du domaine de la police, quand celle-ci veut bien se considérer comme compétente.

Psychoses émotives. — Il y a des individus qui éprouvent habituellement des émotions disproportionnées aux perceptions qui leur ont donné naissance : ce sont des *émotifs*. Lorsque cette disproportion dépasse les limites de l'*anormalité* et s'oriente vers la *crainte*, ou que, par suite d'une connexion spécialement étroite entre le centre idéatif et le centre émotif, l'émotion s'attache à l'idée ou à la crainte, envahissant le champ de la subconscience et échappant de plus en plus au contrôle de la volonté, il se produit de l'inquiétude, de *l'obsession* qui peut aller par l'anxiété jusqu'à *l'angoisse*. Ainsi se trouve réalisé le processus clinique de la psychose émotive, dont la caractéristique clinique est l'*obsession* et dont les variétés multiples ont pour substance toutes les craintes imaginables pouvant descendre jusqu'à la puérilité et à l'absurdité les plus imprévues : peurs des animaux, araignées, serpents, etc... ; des choses, épées, voitures... ; des phénomènes météorologiques, orages, pluies, vents... ; craintes des contacts de certains objets, des souillures, des maladies, des espaces, des lieux fermés...; emprises des doutes, des scrupules ; obsessions de la répétition, du rythme, des comparaisons, de l'énormité, etc...

L'obsession répétée conduit à l'état complexe qui constitue l'*anxiété* et qui, lorsqu'elle se répercute sur le système nerveux tout entier et sur le fonctionnement des organes, produit l'*angoisse*. L'anxiété et l'angoisse mènent à l'impulsion. L'obsédé anxieux et angoissé cherche le moyen d'échapper à son obsession et il le trouve, après lutte, dans un dérivatif moteur, qui le délivre ou le *soulage* momentanément.

L'objet de la crainte obsédante peut être unique et toujours le même, ou bien les craintes se multiplient et se généralisent ; la psychose est *monophobique*, ou *pluriphobique* ou *panophobique*.

Quand la disproportion entre la perception et le trouble émotif s'accentue, l'objet lui-même de la perception peut disparaître et le trouble sensoriel s'installe sous la forme d'illusions et d'hallucinations qui deviennent les véritables moteurs de la psychose.

Les variétés de la psychose émotive sont infinies ; décrites sous forme d'observations individuelles, elles alimentent une nomenclature qui n'est pas close et qui, sous le nom générique de *phobies*, menace d'épuiser le jardin des racines grecques. En raison de leur fréquence et aussi parce qu'elles évoluent généralement dans la vie commune sans conduire à la maison de santé, elles intéressent particulièrement le praticien, qui doit savoir les dépister et les traiter.

Leur diagnostic est généralement facile et tient dans trois mots : *obsession, anxiété, impulsion.* Si le pronostic en est particulièrement sombre au point de vue de la durée, leur traitement peut être utilement entrepris par celui qui s'est habitué à manier la thérapeutique *suggestive* et celle des agents physiques.

PSYCHOSES AFFECTIVES. — Lorsque le trouble émotif s'accuse au départ comme une déviation véritable en donnànt lieu à de l'exagération ou à de la perversion des sentiments affectifs, il produit une *psychose affective*, qui, par ses réactions, est plus profonde, plus grave et aussi plus diffuse que les précédentes. Dans cette psychose on rencontre toute la gamme des *hyperphilies, hypophilies* et *dysphilies*, qui, à des degrés divers, sont fréquentes dans toutes les classes et sont les *manies* du public.

Lorsque la psychose affective se cristallise dans la forme d'amour sexuel, de jalousie, d'amour platonique, avec manifestations impulsives, elle conduit souvent à des actes graves, contre lesquels il est bon de se tenir en garde.

Si, dans ces formes de psychose affective, le processus pathogénique est le même que dans la forme émotive, il en diffère par son objectivité plus précise, par son degré plus avancé d'obsession et d'autoanalyse qui, plus rapidement et d'une façon plus irrésistible, conduit aux impulsions motrices malfaisantes. Les *affectifs* jaloux, érotiques, zoophiles et autres, sont plus dangereux que les émotifs et doivent être observés de plus près dans la vie commune, surtout lorsqu'ils présentent des troubles sensoriels, illusionnels et hallucinatoires.

Folie morale. — Sur le lot des psychoses affectives se détache une variété qui, par sa marche et son allure, peut être considérée comme l'analogue du *délire chronique* des psychoses intellectuelles ; c'est celle qu'on a appelée *folie morale*, folie raisonnante.

Elle se manifeste dès la puberté par un défaut ou une perversion des sentiments affectifs naturels et du sens moral, avec un état d'impulsivité plus ou moins violent qui s'exagère progressivement, à mesure que se localisent et s'enchaînent les faits et les interprétations autour desquels s'organise la psychose. Plus que dans aucune autre forme, le trouble des facultés subconscientes réagit sur le psychisme supérieur ; les idées et le raisonnement se troublent et se systématisent autour des perversions affectives et absorbent tout le travail psychique. Le fou moral, progressivement et lentement, en arrive à ne plus vivre que pour l'élaboration et l'explication de sentiments mauvais et pour la manifestation antisociale de ces sentiments. Toute son activité, qui peut rester robuste pendant de longues années, est mise en jeu pour les actes de *malfaisance familiale ou collective.* Il arrive aux idées de grandeur, comme le délirant chronique, par une appréciation toujours plus haute de sa personnalité ; il se prend pour un grand vengeur, pour un destructeur nécessaire. C'est dans cette forme psychopathique que finissent particulièrement un grand nombre de lignées épuisées par la dégénérescence ; elle est la fin historique des familles régnantes les plus illustres de l'antiquité et des temps modernes.

PSYCHOSES INSTINCTIVES. — Dans cette dernière variété se manifeste le plus complètement — au point de vue qualitatif — la tare dégénérative qu'on peut appeler l'*insociabilité.* L'enchaînement du processus général des psychopathies n'apparaît plus. Dès l'enfance l'*instinctif* perçoit mal, ses émotions sont dissociées, les sentiments qu'elles éveillent sont mauvais, l'activité est anormale.

Au cours de l'évolution psychique, l'association de sentiments et d'idées, dont la quantité est faible et la qualité mauvaise, conduit peu à peu, par l'impulsion qui devient de l'automatisme, aux actes de défense brutale, de destruction. Dans cet état, toute l'activité psychique consciente et subconsciente tend à se résumer en un effort combiné et continu de *malfaisance.*

C'est cette variété de psychose, où se classent le plus grand nombre des criminels et des grands délinquants, que *Régis* désigne justement sous le nom de *psychose criminelle.* Dans l'état social ac-

tuel, on peut considérer qu'au point de vue pratique de la défense collective, elle relève plus de la
Justice que de la Psychiatrie.

Résumé symptomatique des psychoses morales

Exagération de la physionomie et de l'attitude égocentriques.
Troubles de la perception : illusions et hallucinations enchaînées.

Troubles *de la subconscience*	Hyperémotivité, obsession, anxiété, angoisse. Dislocation et perversion des senti-ments, des affections et des instincts. Impulsivité.
Troubles *de la conscience* (secondaires	Hyperactivité de la mémoire. Dislocation et raréfaction des idées, du raisonnement et de la volonté.

Troubles de l'activité générale : nuls.
Troubles de la vie végétative : nuls.

III. — Les états psychosiques mixtes

Il s'en faut que, dans tous les cas, il soit possible d'établir une démarcation précise entre les
deux variétés de psychoses partielles (intellectuelle
et morale) qui viennent d'être décrites et d'autant
moins que, dans tous les cas, on ne peut observer
que des prévalences, et que ces prévalences s'atténuent progressivement à mesure que s'altère secondairement le domaine psychique qui primitivement
pouvait être tenu pour indemne.

Dans un grand nombre de cas, dans ceux en particulier qui peuplent les frontières de la psychopathologie et qui tombent rarement sous l'observation du praticien, mais s'imposent assez fréquemment à l'examen du juge et de l'expert aliéniste, le processus morbide, parti de la perception, atteint en même temps la conscience et la subconscience, les idées et les sentiments, en produisant un état psychosique qu'on peut appeler *mixte*.

L'allure des *psychoses mixtes* est absolument comparable à celle des états généralisés mixtes. Elles peuvent présenter, alternativement ou mélangées, toutes les variétés cliniques des formes intellectuelles et morales, et aussi toutes les variétés des psychopathies (maniaque, lypémaniaque ou confusionnelle), dans lesquelles on retrouve, comme symptômes sous-jacents, la mobilité, la suggestibilité et la polymorphie propres à la constitution hystérique.

Tous ces états mixtes sont les manifestations morbides du *caractère polycentrique*.

A mesure qu'on avance dans l'échelle de la dégénérescence, la quantité psychique s'affaiblit et les divers tableaux symptomatiques, qui ont été passés en revue jusqu'ici, s'obscurcissent et perdent leur netteté et leur relief, jusqu'à une limite imprécise où il devient difficile de dire lesquels prédominent, des troubles quantitatifs ou des troubles qualitatifs. Il faut alors quitter le domaine de la psychopathologie qualitative, pour entrer dans celui de la *psychopathologie quantitative*, qui fera l'objet des chapitres suivants.

Classement des psychoses.

Psychoses intellectuelles	aiguës	actives	messia- niques	mystiques. politiques.
			ambi- tieuses	mégalomanes. réformateurs.
	chro- niques	pas- sives	de persécution : persécutés. d'hypochondrie : hypochon- driaques.	
Psychoses morales (Impulsifs)	aiguës	pas- sives	émotifs, obsédés, phobiques, anxieux.	
	chro- niques	actives	psychoses émotives (pho- bies). psychoses affectives (éroti- ques, jaloux, fous moraux). psychose instinctive (folie criminelle).	
Psychoses mixtes (polymor- phes)	Psychoses intellectuelles-morales. (Succession des syndromes des psychoses intel- lectuelles et morales, avec troubles de l'acti- vité générale.) (Caractère polycentrique.)			

CHAPITRE IV

Psychopathologie quantitative

Psychopathies-Infirmités

Cette classe pathologique se distingue par la prédominance et la constance, dans toutes les formes qui la composent, d'une caractéristique clinique, *trouble quantitatif d'emblée* ou *progressif* de tout ou partie des facultés conscientes et subsconscientes, le fond qualitatif pouvant rester ou paraître intact.

Ce sont donc, à proprement parler, les psychopathies quantitatives ou à prédominance quantitative.

L'étude des psychopathies-maladies nous a montré que les troubles quantitatifs s'ajoutent et se mêlent souvent aux troubles qualitatifs, que leur différenciation est difficile dans certains cas et qu'à mesure que l'on descend dans l'échelle dégénérative la part quantitative augmente, en imprimant aux psychoses une couleur différente, jusqu'au point où, au dernier degré de l'échelle, dans les psychoses morales par exemple, il devient presque impossible de dire lesquels prédominent, dans le tableau clinique, des symptômes qualitatifs ou des symptômes quantitatifs.

Lorsque cependant les troubles de quantité apparaissent comme nettement prédominants et primitifs, quelles que soient par ailleurs la forme et l'importance des troubles de qualité, on entre dans le domaine de la psychopathologie quantitative ou à prédominance quantitative, et le trouble quantitatif présente comme caractère fondamental celui d'être *définitif.*

Ce trouble quantitatif est congénital ou acquis : *déficit* ou *déficience* psychique. Il peut être plus ou moins considérable, plus ou moins stationnaire ou progressif, mais il implique en tous cas l'impossibilité de la récupération.

Anormalité et pathologie quantitatives. —Dans la psychopathologie quantitative, aussi bien que dans la psychopathologie qualitative, il y a lieu de différencier les notions *d'anormalité* et de *pathologie.*

Il existe quantité d'individus qui, par déficit congénital ou déficience acquise, ne possèdent pas la quantité psychique qui peut être tenue pour normale ou moyenne. S'ils peuvent être catalogués par le psychiatre, ils ne sont cependant justiciables d'aucune mesure médicale, ni sociale; ils peuvent et doivent rester dans la circulation commune : ce sont les *anormaux psychiques*, qui sont comme les malingres ou les affaiblis physiques.

Le domaine pathologique ne s'ouvre donc véritablement qu'à ceux des divers degrés, déficitaires et déficients psychiques, auxquels peut s'appliquer le critère médico-social, qui nous a déjà servi de mesure pour la psychopathologie qualitative : traitement médical, surveillance spéciale, exonération des responsabilités sociales.

Lorsque le trouble quantitatif, assez grave pour être considéré comme pathologique, s'est manifesté dans l'enfance, il est considéré comme une infirmité d'évolution : nous l'appellerons *état amentiel* ou *amence*.

Si le trouble quantitatif se produit à une période de l'évolution, après que l'état mental a pu être apprécié comme normal ou moyen, ou s'il se produit pendant la période adulte ou dans la vieillesse, on dit qu'il y a *état démentiel* ou *démence*.

L'amence et la démence, à leurs divers degrés et sous leurs multiples modalités, constituent donc toute la psychopathologie quantitative.

I. — **L'anormalité** (*L'enfance anormale*)

Pour présenter complète la chaîne quantitative du psychisme, il faut partir de l'anormalité psychique infantile, de même que, pour présenter la chaîne qualitative, nous sommes partis des caractères anormaux. L'enfance psychiquement anormale est le terrain de culture des infirmités psychiques, comme l'anormalité des caractères est le terrain de culture des maladies psychiques.

Strictement, l'enfance psychiquement anormale n'est pas du domaine pathologique, pas plus que l'anormalité du caractère. Mais elle présente cependant, et chaque jour davantage, un intérêt médico-social qui s'impose à l'étude de la psychiatrie. Elle devient une *introduction nécessaire* à l'étude de l'amence.

La question de l'enfance anormale a pris, depuis quelques années, une importance verbale considérable dans tous les milieux, mais cette vulgarisation des mots, loin d'apporter des clartés nouvelles à son objet propre, n'a fait qu'embrouiller davantage la vieille question déjà si obscure des aliénés. La diversité et l'opposition des points de vue — familial, médical, social, philanthropique, utilitaire, pédagogique et personnel — ont créé dans les mots et dans les idées une confusion telle qu'il est aujourd'hui très difficile de s'y retrouver. Les uns comprennent sous la rubrique « enfants anormaux » tous ceux dont le psychisme est hors la normale, depuis le simple étourdi jusqu'à l'idiot profond ; pour d'autres, l'anormalité n'est qu'une des nombreuses variétés parmi lesquelles il faut reconnaître l'instabilité, la subnormalité, l'arriération, le retardement, etc...

Pour raison de sentiment, et bien que l'enfant présente des troubles psychiques quantitatifs et qualitatifs qui ne diffèrent pas essentiellement de ceux de l'adulte, on n'admet pas généralement que l'enfant puisse être aliéné, c'est-à-dire psychopathe. On discute âprement sur le point de savoir si l'enfant anormal doit être traité à l'asile ou à l'Institut médico-pédagogique, de même qu'en matière de psychopathologie adulte on discute sur le point non moins grave de savoir si le confus doit être à l'hôpital ou à l'asile. On rompt des lances pour ou contre l'internat de perfectionnement ou les classes spéciales annexes. On discute à perte de vue sur le nombre d'enfants maximum qui doit être confié à chaque maître spécialisé, sur le régime de direction pédagogique ou médical, sur la supériorité du régime privé sur le régime public ou réciproquement... et le résultat de toutes ces batailles de mots, c'est que les pouvoirs publics, mal ou insuffisamment renseignés, ne peuvent se faire une opinion, ne décident rien de pratique et que l'assistance éducative est toujours en projet en France, tandis qu'elle est déjà organisée dans tous les autres pays.

Débarrassée de la verbosité qui la masque et en l'état actuel de nos connaissances, la question est en fait beaucoup plus simple qu'on se l'imagine généralement.

Aussi bien que les adultes, les enfants qui ne peuvent être considérés comme moyens, comme normaux, se divisent en deux catégories, les *anor-*

maux et les *malades*, séparées l'une de l'autre par le critère médico-social. Ceux qui composent la catégorie des malades, des infirmes sont atteint de l'état amentiel, d'amence, et appartiennent en entier au psychiatre; leur place est dans les établissements où l'on traite, où l'on *doit* traiter les psychopathies de toute forme et de toute âge, aussi bien ceux qui sont perfectibles, que ceux qui ne le sont pas.

Pour ce qui concerne les anormaux, la chose est moins simple que pour les adultes, qui ne sont plus améliorables et qui échappent à l'action médicale. Les anormaux dont l'évolution psychique est défectueuse, sont améliorables, redressables, perfectibles ; il est possible d'en faire des valeurs utiles, au lieu des poids morts et des forces antisociales qu'ils tendent à devenir. C'est là l'œuvre de la *médico-pédagogie*, mi-partie médicale, mi-partie pédagogique, qui n'est possible que dans des milieux spéciaux.

Il faut que l'enfant psychiquement anormal soit de bonne heure enlevé à sa famille qui, même avec la meilleure volonté, ne peut que le détériorer davantage. Il faut aussi qu'il soit isolé des enfants normaux qu'il dérange, qu'il retarde, sans profiter de rien lui-même. Il faut qu'il soit éduqué et instruit dans des classes spéciales, dans des externats ou des internats spéciaux, où des maîtres spécialisés dirigés par des médecins spécialisés, par des méthodes spéciales d'orthophrénopédie, s'appliqueront à réfréner ses tendances mauvaises, à en créer de bonnes, à utiliser, à socialiser son activité, jusqu'au jour où son évolution psychique paraissant terminée, il sera classé comme *sociable* et remis dans la circulation commune, ou comme *ament* et hospitalisé à l'asile.

II. — Les amences

Dans cette catégorie de psychopathies-infirmités, les troubles quantitatifs sont congénitaux ou apparaissent, à la suite d'une maladie infantile, pendant les premiers temps de l'évolution.

L'état amentiel, ou amence, est un *déficit psychique* qui peut présenter une longue échelle de gravité, depuis l'au delà de la simple anormalité jusqu'à l'extrême faiblesse.

VARIÉTÉS. — Le déficit peut affecter toutes les facultés psychiques et il est total ou *global* ; ou bien il peut ne porter que sur certaines facultés, tandis que certaines autres sont développées moyennement ou même supérieurement, il est alors *lacunaire*.

Dans chacune de ces deux variétés, on peut considérer deux degrés principaux de gravité : la *déséquilibration* et l'*imbécillité* (lacunaires), la *débilité* et l'*idiotie* (globales).

Pour la commodité du classement et pour l'établissement du pronostic et des prescriptions médico-sociales, il est utile de subdiviser encore les formes cliniques, d'après le double critère de la *perfectibilité* et de la *nocuité*. Ainsi, on pourra reconnaître : une imbécillité et une idiotie *légères* ou du *premier degré*, une imbécillité et une idiotie *graves* ou du *deuxième degré* ; enfin chez les déficitaires lacunaires, il y aura lieu de distinguer encore deux sous-variétés, selon que la prédominance lacunaire portera sur les facultés conscientes *intellectuelles* ou sur les facultés subconscientes *morales*.

ÉTIOLOGIE. — Les différentes formes d'amence qui se tiennent au sommet de l'échelle dégénérative, reconnaissent pour causes, plus nettement encore que les maladies psychiques, l'hérédité psycho et névropathiques et les intoxications ou infections des ascendants, particulièrement l'alcoolisme et la syphilis. Elles peuvent être purement constitutionnelles, c'est-à-dire établies en puissance à la naissance même, ou secondairement constitutionnelles, c'est-à-dire résulter d'une de ces affections de la première enfance (méningite, convulsions, paralysies, etc.), qui sont le plus souvent elles-mêmes des manifestations de la tare héréditaire.

On peut aussi reconnaître, au moins comme causes adjuvantes, toutes les maladies et traumatismes physiques et psychiques qui sont susceptibles de se produire pendant les premiers temps de l'évolution.

ANATOMIE PATHOLOGIQUE. — Les lésions macro et microscopiques qui ont été relevées dans les cas d'amence sont très nombreuses, mais, pas plus que dans les maladies psychiques, ces lésions ne peuvent être considérées comme spécifiques. En ne considérant que les centres nerveux supérieurs, on peut diviser ces lésions en *péricéphaliques* ou *externes* et *encéphaliques* ou *internes*.

Les premières comprennent les *malformations* les plus variées de la boîte cranienne, de la charpente faciale, des appareils de réception des sens, les *asymétries*, les *hypertrophies* et les *atrophies*. D'une façon générale, selon que l'encéphale est réduit de volume ou augmenté, il y a *microcéphalie* ou *macrocéphalie*.

A un degré plus ou moins accentué ces malformations sont constantes dans les divers états amentiels, mais il n'est pas très rare de constater cependant chez les lacunaires, un développement régulier et moyen de la tête, comme de toutes les autres parties du corps.

Dans certaines formes spéciales, comme l'*idiotie amaurotique*, on trouve des lésions cellulaires particulières et constantes, mais il arrive le plus souvent que l'examen macro et microscopique des différentes parties de l'encéphale, surtout dans les cas d'amence légère, ne révèle aucune lésion quantitative, ni qualitative. Généralement, le cerveau apparaît comme *diminué* de volume par suite de la réduction des circonvolutions et des noyaux, ou bien augmenté par suite d'hydropisie des ventricules et d'infiltration du tissu nerveux.

Ces lésions générales, qui se rencontrent dans les degrés avancés de l'idiotie, s'accompagnent souvent d'anomalies morphologiques des différentes parties de l'encéphale : inégalité des hémisphères cérébraux ou cérébelleux, atrophies de certaines régions corticales, porus, scléroses méningo-encéphaliques, lésions cellulaires fibreuses et vasculaires du cortex et des centres.

Dans sa forme la plus accentuée d'idiotie, l'amence n'est que l'un des aspects pathologiques d'une dégénérescence complète, qui atteint tous les organes et toutes les fonctions. Le trouble fonctionnel d'une catégorie organique spéciale, les glandes à sécrétion interne, apparaît cependant dans certains cas avec un rapport de causalité si particulier, qu'il a paru légitime d'en faire une variété clinique, l'*idiotie myxœdémateuse* ou *crétinisme*, laquelle s'accompagne d'atrophie ou d'hypertrophie dégénérative des glandes internes, en particulier des glandes thyroïdes.

DIAGNOSTIC ET PRONOSTIC. — Considéré pendant l'âge d'évolution, l'état amentiel est facile à diagnostiquer, et l'examen des signes déficitaires à forme lacunaire ou globale permet de situer chaque cas au degré de l'échelle pathologique qui lui convient.

La chose est moins simple lorsqu'il s'agit d'adultes ; le diagnostic est à faire ici avec la démence. Le déficit se différencie de la déficience par la réunion de signes de dégénérescence physique et psychique, indiquant que le sujet n'est pas un « riche devenu pauvre », qu'il n'a pas travaillé (stigmates professionnels), qu'il n'a pas pensé (recherche des mémoires).

Le diagnostic est encore plus délicat lorsqu'on se trouve en présence de vieillards. Dans ces cas il y a lieu, pour établir le bilan psychique quantitatif, de tenir compte de ce fait qu'un pauvre peut devenir encore *plus pauvre*, que le déficit congénital peut se compliquer ou s'aggraver d'une déficience sénile, qu'il peut y avoir amence et démence *surajoutées* chez le même sujet. L'intérêt du diagnostic réside alors dans la détermination de la part qui revient à chacun de ces facteurs, dans l'état quantitatif pathologique du moment.

Le pronostic, d'une façon générale, est toujours grave, non pas au point de vue *survie*, car, à l'exception de l'idiotie profonde qui le plus souvent dure peu, l'état amentiel comporte une longue existence et présente même une résistance particulière aux maladies intercurrentes ; il est grave au point de vue psychique, puisque par définition l'état amentiel est caractérisé par un déficit *irréparable*. En aucun cas il n'est permis de compter sur le retour à l'état normal moyen : il n'y a donc point de guérison possible. Mais le pronostic relatif est différent selon qu'il s'agit de sujets évolués, ou non. Tandis que chez l'adulte il n'est possible de prévoir autre chose qu'une période d'état plus ou moins longue, suivie d'une aggravation progressive, terminée dans un marasme fatal, chez l'enfant l'état amentiel, à ses premiers degrés, est susceptible, par le traitement, d'amélioration, de redressement. Le pronostic devient ici une évaluation du degré de *perfectibilité*, sur lequel à la vérité il est prudent de se montrer réservé, et qui ne peut être établi qu'à l'épreuve médico-pédagogique.

Traitement. — Déficitaires ou globaux, imbéciles ou idiots, les adultes atteints *profondément* ne sont justiciables d'aucun traitement, mais seulement de mesures à caractère humanitaire ou social : retranchement, hospitalisation ou liberté surveillée, selon leur degré de sociabilité.

La question du traitement ne se pose réellement que pour les enfants atteints d'un état amentiel et aux degrés *léger* et *moyen*, c'est-à-dire perfectibles. Ceux-là peuvent être améliorés par des moyens d'assistance éducative spéciaux qu'il serait utile de nettement distinguer de la médico-pédagogie des anormaux. Loin de s'éclairer, cette question, comme celle du traitement des aliénés, ne fait que s'embrouiller davantage par la discussion d'écoles nouvelles, dont les ardentes convictions et la chaleur communicative ne sont point peut-être absolument désintéressées, et qui, dans des terminologies obscures, tendent simplement à faire une nouvelle hiérarchie dans les choses de la psychiatrie. D'un côté les *aliénés* et *idiots* incurables, avec les *asiles* et les *aliénistes* ; de l'autre les *névro, psycho et cérébropathes* grands et petits, avec les *cliniques* et les *psychiatres*. L'étude et le traitement de l'enfant imbécile perfectible, comme l'étude et le traitement de la confusion mentale, n'appartiendraient donc qu'aux *princes* de la science neuro-psychiatrique.

Au-dessus des luttes d'écoles et... d'intérêts, la vraie et utile psychiatrie clinique apparaît beaucoup plus simple. L'assistance et le traitement doivent être assurés aux enfants atteints d'un état psychopathique constitutionnel, aux déficitaires psychiques, tout aussi bien qu'aux psychopathes adultes. Si les organismes d'assistance et de traitement actuels des aliénés sont insuffisants, il faut les compléter, de façon qu'ils ouvrent leurs portes à tous les âges et à toutes les formes cliniques et qu'ils produisent le maximum de résultats médicaux et sociaux.

Le traitement des jeunes déficitaires perfectibles doit être *médical* et *pédagogique*, et aussi *individuel* que possible. Nulle part il ne saurait être mieux ni plus économiquement organisé que sous la forme d'annexes aux asiles d'aliénés, en collectivités peu nombreuses, avec un personnel spécialisé. Les quelques essais faits dans ce sens ont déjà produit des résultats satisfaisants. Il est à désirer que, sans tarder, chaque asile départemental soit pourvu d'un *quartier médico-pédagogique* pour le traitement des enfants déficitaires perfectibles. C'est là plus qu'un besoin médical, c'est une nécessité de défense collective, sur laquelle nous aurons à revenir.

DÉSÉQUILIBRATION ET IMBÉCILLITÉ. — Les jeunes individus qui sont classés dans cette catégorie psychopathologique ne sont pas simplement, comme on le croit généralement, des déficitaires moins gravement atteints que les idiots. Leur déficit présente un caractère particulier, il est *lacunaire*, c'est-à-dire qu'il porte plus ou moins sur certaines facultés, tandis que quelques autres se montrent normales, moyennes et que, dans certains cas même, une ou plusieurs d'entre elles sont, en quantité et en qualité, supérieures à la moyenne.

Le déficit psychique à forme lacunaire se révèle par des signes de dégénérescence physique plus ou moins apparents, qui peuvent manquer complètement et qui, lorsqu'ils existent, sont loin d'être toujours en rapport d'importance avec l'infirmité psychique.

Le plus souvent cependant il existe un ensemble plus ou moins considérable de *malformations*, de *déformations*, *d'asymétries*, *d'hypertrophies*, *d'atrophies* des différentes parties de l'architecture organique, particulièrement du crâne, de la face, des oreilles, des yeux, des organes génitaux et des membres.

La physionomie et l'attitude présentent toute une échelle d'aspects anormaux, qui traduisent *l'excès*, ou *l'insuffisance*, ou la *mobilité* des réactions psychiques.

Les facultés conscientes accusent, toutes ou en partie, un *fonctionnement lacunaire* : hypermnésies et insuffisances mémorielles, idées moyennes à côté d'idées rudimentaires ou nulles, raisonnements et jugements justes à côté de faiblesses et de trous dans la logique, instabilité de la volonté, de la réflexion et de l'attention. Sur ce fond d'indigence psychique générale, il arrive que certaines facultés de perception et de reproduction présentent une *certaine richesse*, particulièrement pour la musique, le calcul, le style, la parole...

Les facultés de la subconscience, d'une façon inégale et avec une prédominance qui souvent fixe la personnalité morbide de chaque sujet, sont d'un *fonctionnement irrégulier* et *disproportionné*. Les instincts sont généralement orientés dans le sens de l'antisociabilité. Les émotions sont ou diminuées ou exagérées, comme les affections. Les lacunaires sont à la fois fanfarons et poltrons, orgueilleux et crédules, voleurs et avares, et le plus souvent, pour le moins, menteurs, dénonciateurs, paresseux et gourmands. Dans certains cas, les plus graves, ils sont impulsifs, destructeurs et homicides.

Dans les manifestations de l'activité générale, les lacunaires sont généralement au-dessus ou au-dessous de la moyenne normale; ils sont *hyperactifs* ou *passifs*, *absurdes* ou *incohérents*.

Lorsque les symptômes cliniques qui viennent d'être passés en revue, bien que suffisants pour entrer dans notre critère médico-social, sont relativement discrets, ils se placent sur le premier degré de l'échelle amentielle et peuvent être qualifiés *déséquilibration*.

Lorsqu'ils sont plus accusés, lorsque les trous du psychisme sont plus profonds, ils constituent l'*imbécillité*.

Les déficitaires lacunaires peuvent ne présenter, au moins à un degré appréciable, aucun des troubles qualitatifs qui ont été indiqués dans la psychopathologie-maladie; ils sont alors dits *simples*. Si, en plus de leur état déficitaire, ils montrent des troubles qualitatifs aigus ou chroniques, maniaques, lypémaniaques, confusionnels ou psychosiques, ils sont *compliqués*.

Si le déficit porte surtout sur les facultés de la conscience ou intellectuelles, on peut déterminer cette prédominance en disant qu'il s'agit d'un état de déséquilibration ou d'imbécillité *intellectuelle*; on dira que c'est une déséquilibration ou imbécillité *morale*, si le déficit porte surtout sur les facultés de la subconscience ou morales.

Résumé symptomatique de l'amence lacunaire

(Déséquilibration et imbécillité)

Anomalies et asymétries physiques légères.
Troubles de la perception : Mobilité et déformation des sensations.
Troubles de la conscience : Déséquilibre et lacunes de la mémoire, de l'idée, du raisonnement et de la volonté. Faiblesse de l'attention et de la réflexion. Puérilisme orgueilleux.
Troubles de la subconscience : Déséquilibre, lacunes et disproportions dans les émotions, les instincts et les affections.
Troubles de l'activité générale : Irrégularité et irritabilité de la mimique et des actes. Impulsivité.
Troubles généraux : Irrégularité du sommeil, de la vaso-motricité, des sensibilités et des fonctions organiques.

DÉBILITÉ MENTALE ET IDIOTIE. — Lorsque le déficit psychique d'évolution atteint toutes les facultés conscientes et subconscientes, on peut le dire total ou *global*, et, selon son degré, le qualifier *débilité* ou *idiotie.*

Cet état de déficit global se manifeste dès les premiers temps de la vie, qu'il soit congénital ou consécutif à des lésions nerveuses de la première enfance, par des signes plus ou moins grossiers dits de *dégénérescence* et qui portent sur l'ensemble de l'architecture anatomique. Ce sont les mêmes malformations, asymétries, hypertrophies, atrophies ou anomalies morphologiques qui ont été indiquées pour l'imbécillité, mais plus accentuées et plus généralisées.

A ces stigmates externes s'ajoutent souvent, et

avec d'autant plus de gravité qu'on descend plus bas l'échelle de la dégénérescence, des paralysies ou hémiplégies avec ou sans contractures et troubles des sensibilités, convulsions épileptiques ou choréiques, maladresse et impotence fonctionnelles, difficulté de la parole, surdi-mutité, etc., jusqu'au degré extrême de l'infirmité qui en vient à se perdre dans le végétalisme avec gâtisme, aphasie, inertie physique et psychique.

Dans la physionomie et l'attitude des déficitaires globaux se montrent tous les degrés et toutes les variétés de la *déchéance* sous les formes passive et impulsive.

Les facultés conscientes présentent toute la gamme des faiblesses mémorielle, idéative et syllogistique avec une *indigence* de raisonnement, d'attention et de réflexion qui va jusqu'à l'apparence du néant.

Du côté des facultés subconscientes, c'est la même faiblesse générale des émotions et des affections qui vont jusqu'à se réduire à quelques réflexes obscurs, tandis que les instincts et l'activité générale se réduisent à quelques *automatismes* et à quelques *impulsions*, dans le sens de l'auto-conservation ou de l'hetéro-destruction.

Les troubles qualitatifs psychiques sont moins fréquents que dans les formes lacunaires, et d'autant moins que l'état d'idiotie est plus profond. Les déficitaires globaux ne sont donc pas souvent *compliqués*. Ils peuvent cependant présenter, de façon intermittente ou continue, de l'excitation maniaque ou de la dépression lypémaniaque, mais le plus souvent ils sont *simples* et ne se différencient les uns des autres que par le degré de leur déficit.

Résumé symptomatique de l'amence globale
(Débilité mentale et idiotie)

Anomalies, asymétries, malformations graves.
Troubles de la perception : Faiblesse des sensations et des impressions.
Troubles de la conscience : Indigence de la mémoire, de l'idéation, du raisonnement, de la volonté, de l'attention et de la réflexion. *Effacement de la personnalité.*
Troubles de la subconscience: Faiblesse et automatisation des émotions, des affections et des instincts.
Troubles de l'activité générale : Cristallisation de la mimique et des actes. *Lenteur* de toutes les réactions nerveuses et organiques. *Impulsivité* ou *passivité.*

III. — Les démences

Dans cette classe de psychopathies-infirmités les troubles quantitatifs sont acquis, c'est-à-dire qu'ils se manifestent d'une façon plus ou moins progressive au delà de l'âge d'évolution, à la suite ou non de troubles quantitatifs.

Qu'ils paraissent *primitifs* ou *secondaires*, qu'ils se produisent dès la fin de la période d'évolution ou pendant la période adulte ou encore dans le cours de la vieillesse, ces troubles constituent un état psychique morbide qui peut être appelé *démence*, et dont le tableau clinique d'ensemble est *un*.

Tandis que l'amence est un déficit, une faiblesse psychique, la démence est un affaiblissement, une *déficience* psychique. De même qu'il n'y a pas amence sans déficit, de même il n'y a pas démence sans déficience.

Comme le déficit dans le deuxième groupe de l'amence — qui pour cette raison analogique a pu être appelé *démence congénitale*, — la déficience dans la démence est totale, *globale*, c'est-à-dire qu'elle porte sur toutes les facultés conscientes et subconscientes et qu'elle se répercute sur toutes les manifestations de l'activité; mais le trouble quantitatif peut ne pas être synchrone, ni égal pour toutes les facultés.

Si les néologies psychiatriques ont profondément troublé la notion de démence, en même temps que la notion de psychose, elles n'ont pas éclairé davantage ce grave problème de savoir s'il y a une démence *secondaire* et une autre *primitive*, ou si encore il n'y a qu'une démence primitive ou une démence secondaire. Il reste établi simplement qu'il y a des troubles quantitatifs comme il y a des troubles qualitatifs *acquis*; que dans chaque cas pathologique il y a prédominance *apparente* des uns ou des autres. La prédominance clinique constatée de *troubles quantitatifs à forme déficiente globale*, c'est l'état démentiel, c'est la démence.

Lorsque les troubles quantitatifs apparaissent

seuls, la démence est dite *simple* ; lorsqu'ils s'accompagnent de troubles qualitatifs aigus ou chroniques, maniaques, lypémaniaques, confusionnels ou psychosiques, la démence est dite *compliquée*.

La démence est *intellectuelle* ou *morale* selon que la déficience apparaît surtout dans les facultés conscientes ou dans les facultés subconscientes.

On peut la qualifier *précoce*, lorsqu'elle se montre pendant l'âge adulte ou dès la fin de l'âge d'évolution ; on la dit *sénile* lorsqu'elle se produit au cours de l'âge de l'involution ordinaire, pendant la vieillesse. Nous la dirons *terminale* lorsqu'elle s'installe à la suite d'une maladie psychique. Dans ces trois formes on peut reconnaître à la démence trois degrés de gravité : on la dit du premier degré ou *légère*, du deuxième degré ou *grave*, du troisième degré ou *profonde*, selon l'accentuation des troubles quantitatifs observés.

SYMPTOMATOLOGIE. — Qu'elle soit précoce, ou sénile, ou terminale, la démence présente les mêmes signes cliniques, plus ou moins accentués et considérés en bloc. Les différences individuelles, qui cependant sont fréquentes et souvent fort importantes, sont sous la dépendance du caractère psychique, ou des empreintes formées dans l'éducation et l'ambiance, ou encore des troubles qualitatifs surajoutés ou préexistants.

La physionomie et l'attitude démentielles sont très différentes selon le plus ou moins de gravité de la déficience, selon la durée de cet état et des troubles surajoutés qui donnent une couleur spéciale aux manifestations de l'activité. L'expression du dément est généralement masquée, *figée* ou *inadéquate* aux réactions subjectives et aux excitations extérieures.

Toutes les facultés de la conscience présentent dans leur fonctionnement, avec une marche plus ou moins lente et progressive, un *ralentissement* et une *diminution* à un degré qui, pour chaque moment considéré, peut paraître très inégal. Au départ du processus démentiel, certaines facultés paraissent ou peuvent paraître intactes tandis que d'autres sont déjà profondément altérées. Ces différences sont en rapport avec l'état de l'activité générale : chez les déprimés c'est surtout la *mémoire* qui paraît atteinte, chez les agités c'est plutôt le *jugement*. Chez tous, avec l'affaiblissement de l'attention et de la réflexion, il y a déficience de la mémoire, de l'idée, du raisonnement et de la volonté. L'effacement de la mémoire est de forme rétrograde, commençant par les mémoires les plus récentes tandis que les anciennes restent intactes et que parfois même celles-ci se montrent paradoxalement plus précises et plus riches qu'à l'état antérieur.

Le même affaiblissement progressif se produit dans toutes les réactions de la subconscience émotive, affective et instinctive. Le cercle de ces réactions se rétrécit en un *égoïsme puéril et aveugle*, tandis que se dissout la personnalité.

La mimique, les actes, les réactions nerveuses et organiques se diminuent, s'effacent et se cristallisent en une forme passive ou impulsive.

Les périodes de début, d'état et de terminaison qu'on peut considérer dans la démence, sont d'une démarcation difficile et d'une durée variable et très inégale. L'affaiblissement peut ne pas atteindre apparemment les fonctions de la vie végétative ; la survie peut être longue, et nombreux sont les déments qui passent toute une longue existence dans une sorte d'automatisme subconscient, avec un état de santé générale moyen. Souvent aussi le processus de déchéance s'étend à tous les organes et à tous les appareils et conduit, plus ou moins rapidement, à l'inconscience profonde et au marasme terminal.

Étiologie. — Lorsqu'elle se produit dans la vieillesse, la déchéance psychique est physiologique, comme la déchéance de toutes les fonctions organiques ; lorsqu'elle domine sur les autres déchéances, elle signifie sans doute que le cerveau touché a été un lieu de moindre résistance, préparé par l'hérédité ou les antécédents personnels.

Lorsqu'elle est prématurée, c'est-à-dire qu'elle se manifeste pendant l'âge adulte, la démence tient souvent, comme toutes les psychopathies, à une prédisposition particulière, mais on peut lui reconnaître des causes immédiates qui, dans certains cas, peuvent être tenues pour efficientes et primitives, — car, hormis le temps, l'espace et la matière, tout a un commencement, même l'hérédité — et qui le plus souvent doivent être tenues au moins pour occasionnelles et plus ou moins importantes. L'énumération de ces causes et de ces rapports a pendant un certain temps formé la classification usuelle des démences et c est ainsi qu'on a décrit les démences primitive, secondaire, organique ou vesanique, les démences alcoolique, paralytique, épileptique, etc., etc. Mais il n'y a en vérité qu'*une* démence. Il n'y a pas de démence paralytique ou épileptique..., mais il y a la démence *avec paralysie générale*, la démence *avec épilepsie*, etc., de même qu'il y a la démence avec manie, avec psychose, etc., et vraisemblablement, dans toutes les formes compliquées de démence, les troubles psychiques et les troubles somatiques sont contemporains ; ils sont dus aux mêmes lésions plus ou moins généralisées, dont la prédominance et la localisation déterminent les rapports cliniques en forme et en gravité... et il n'y aurait pas de démence primitive et de démence secondaire à opposer l'une à l'autre : l'*unité* de la démence serait dans le temps, comme dans la forme.

Il n'y aurait pas davantage une *démence précoce*, entité protéique dans laquelle quelques psychiatres contemporains ont englobé la moitié du champ de la clinique psychiatrique, démence précoce affectant tous les degrés, toutes les modalités, toutes les couleurs des symptômes qualitatifs et quantitatifs. Mais il y a bien la démence qui se manifeste de bonne heure à la fin d'une évolution hâtive dans l'adolescence ou pendant l'âge adulte, la démence qui rapidement succède à des troubles qualitatifs de peu de gravité et de peu de durée, et qui mérite d'être qualifiée *précoce*. La plus fréquente des variétés de la demeure précoce est celle qui souvent succède à la *confusion mentale chronique*.

MARCHE. ANATOMIE PATHOLOGIQUE. DIAGNOSTIC ET PRONOSTIC. — Qu'elle soit précoce, terminale ou sénile, la démence présente, dans son évolution clinique et son anatomie pathologique, des variétés très nombreuses.

Les états de démence liés à des lésions fines probables, mais constatables avec certitude, peuvent se produire à tous les âges, sans avoir de répercustion apparente sur les autres fonctions organiques ; ils comportent une longue existence. Pour ceux qui sont consécutifs à des lésions chroniques ou à des destructions anatomiques généralisées ou localisées, le pronostic de survie est sous la dépendance des éléments de jugement tirés de l'examen des fonctions végétatives.

En dernière analyse, il se pourrait — ce qui serait logique et conforme à certaines observations — que la lésion démentielle fût une lésion destructive portant sur les prolongements cellulaires, ce serait une lésion *extra-cellulaire*, tandis que la lésion amentielle serait une lésion *intra-cellulaire*.

Le caractère de la démence étant d'être définitif, son pronostic est nécessairement fatal ; il ne comporte ni amélioration, ni rémission, mais seulement, peut-être, des temps d'arrêt dans une évolution dont la progression est variable. Une grande réserve s'impose donc dans le diagnostic de la démence. Le mot démence est, en matière psychiatrique, celui qui doit être prononcé avec le plus de circonspection. On voit des états maniaques ou confusionnels, par exemple, qui durent de longues années présentant le tableau clinique de la démence, et qui guérissent sans laisser de résidu démentiel, c'est-à-dire, au moins, sans laisser de déficience psychique suffisante pour être qualifiée démence.

Le diagnostic de la démence est souvent difficile, parfois impossible à faire avec l'amence et les états psychopathiques généralisés chroniques, lesquels peuvent aussi compliquer la démence et la masquer. C'est une affaire d'expérience, dans laquelle il faut analyser et comparer subtilement les commémoratifs, les détails de la physionomie et de l'attitude, l'état général, les moindres manifestations de l'activité, et au bout de laquelle il est prudent parfois de s'abstenir d'affirmations.

TRAITEMENT. — La démence, destruction définitive et irréparable de la fonction psychique, ne connaît pas de remède curatif. Mais s'il n'est pas permis d'espérer guérir la démence, il est possible cependant, dans certains cas, liés à des traumatismes physiques ou psychiques de l'âge adulte, d'arrêter ou de ralentir le processus d'affaiblissement.

Le repos, l'alitement, l'hydrothérapie, l'isolement sont autant de moyens qui, judicieusement appliqués, peuvent produire des résultats utiles.

Lorsque la démence est compliquée de troubles qualitatifs aigus, il est possible et assez fréquent d'obtenir la guérison de ces complications par la thérapeutique symptomatique déjà indiquée.

Dans tous les cas, un traitement palliatif spécial est utile pour modifier les troubles de l'activité générale, prévenir les réactions dangereuses et régler la vie végétative compromise.

Dans la pratique il y a lieu d'être très circonspect dans la question d'internement des déments. La démence, qu'elle soit précoce, terminale ou sénile, s'accompagne généralement de malpropreté, d'incommodité et de réactions fâcheuses ; elle est mal soignée et mal traitée, aussi bien dans la famille qu'à l'hôpital. On s'en débarrasse sur l'asile et la maison de santé, avec une tendance peut-être un peu trop complaisante ou inconsidérée.

Sans aucun doute le dément précoce, ou adulte, ne saurait être mieux nulle part qu'à l'asile ou à la maison de santé ; l'internement est ce qu'il y a de mieux aussi bien pour lui-même que pour les autres. Il n'en est pas de même pour le dément sénile, dont l'infirmité psychique n'est pas offensive, ni dangereuse, et dont la déchéance psychique est naturelle et physiologique, comme pour toutes les fonctions. D'une façon générale la place des vieillards déments, sauf de ceux qui sont très violents et dangereux, n'est pas à l'asile, mais dans la famille, et à défaut de la famille, à l'hospice où un *quartier spécial* devrait partout être emménagé, pour l'isolement de ceux qui sont, de par leur affaiblissement psychique, difficiles ou incommodes.

Classement des infirmités

Amence	Déficit lacunaire	Déséquilibration.	
		Imbécillité { intellectuelle, morale	légère. 1ᵉʳ degré. / grave. 2ᵉ degré.
	Déficit global	Débilité mentale.	
		Idiotie.	légère. 1ᵉʳ degré. / grave. 2ᵉ degré. / prof. 3ᵉ degré.
Démence	Déficience globale	intellectuelle, morale { précoce, terminale, sénile.	légère. 1ᵉʳ degré. / grave. 2ᵉ degré. / prof. 3ᵉ degré.

CHAPITRE V

Psychopathologie sympathique

Toutes les formes et tous les états psychopathiques peuvent se manifester sans, par ailleurs, aucun trouble organique ou fonctionnel apparent ; leur ensemble constitue la psychopathologie *essentielle* qui a été passée en revue dans les chapitres précédents. Mais il arrive aussi, et dans de nombreux cas, qu'ils sont accompagnés de troubles morbides dans les fonctions autres que le psychisme ; l'étude de leurs rapports avec ces diverses manifestations morbides fait l'objet de la psychopathologie *sympathique*, que nous allons rapidement parcourir.

La psychiatrie contemporaine s'est efforcée, comme toutes les autres sciences d'observation, à rattacher les symptômes morbides constatés à des causes tangibles. N'y pouvant parvenir directement, elle s'est trouvée tout naturellement entraînée à se rapprocher des autres spécialités médicales et à prendre sa part de lumière aux conquêtes si impressionnantes de l'instrumentation et de l'expérimentation.

La neurologie lui a tendu les bras et a absorbé ce qu'il y avait de plus substantiel en elle. Ses débris cliniques se sont accrochés à la symptomatologie des diverses autres branches médicales et même chirurgicales ; et, dans certains travaux récents, la psychopathologie n'apparaît plus que comme un *appendice* des pathologies interne et externe. Cette évolution est-elle heureuse, et doit-elle faire progresser la connaissance de la psychopathologie ? Peut-être ? Aussi bien, en nous en tenant à notre explication des états psychiques constitutionnels, nous restons hors du débat.

Nous savons que les psychopathies généralisées et partielles sont commandées par le fond du caractère et du tempérament, que leur production seule, non leur forme, peut être sous la dépendance d'autres troubles fonctionnels, que leur apparition est variable, pouvant se produire antérieurement, simultanément ou postérieurement aux troubles morbides des autres fonctions, que les rapports de cause à effet établis entre les uns et les autres sont généralement obscurs et hypothétiques.

Mais nous savons aussi que les conditions diverses d'ambiance, de temps, d'associations morbides impriment aux formes cliniques psychopathiques des modalités particulières. Ce sont ces associations morbides les plus fréquentes, et ces particularités

cliniques les plus courantes que nous allons briè-
vement énumérer.

I. — Associations psychopathiques
avec les névroses et les maladies nerveuses

NÉVROSES. — Ainsi que nous l'avons vu, il n'y a
plus actuellement à retenir sur ce point que l'épilepsie et l'hystérie.

L'*épilepsie*, sous ses diverses formes, est une
confusion motrice. Ce qu'on a appelé l'*état mental
épileptique* est la manifestation aggravée du caractère acentrique et les complications psychopathiques, qui étaient autrefois la folie épileptique, sont
les diverses variétés de la *confusion mentale*.

Chez les épileptiques, les troubles psychiques
pré, post ou interparoxystiques, sont très variables
en gravité, en fréquence et en durée ; ils affectent
souvent les formes les plus graves et en particulier
la forme hallucinatoire, ancienne *folie transitoire*,
destructrice et homicide par excellence. Les accès
de confusion s'accompagnent fréquemment chez les
épileptiques d'une agitation motrice qui est subconsciente et réflexe, et qu'il ne faut pas confondre
avec l'agitation maniaque. Ces accès d'agitation
sont généralement suivis de périodes critiques de
dépression, qu'il est facile de distinguer de la
lypémanie.

La confusion mentale et la convulsion motrice
étant vraisemblablement sous la dépendance de

lésions de même nature, cérébrales les unes et les autres, mais différemment localisées, on comprend que les rapports de temps entre ces deux syndromes puissent présenter de nombreuses variétés. Le plus souvent la convulsion motrice est la pre ère à se produire ; dans certains cas c'est la confusion mentale.

Les deux syndromes, à des degrés divers, peuvent alterner, ou sans ordre apparent, ou par périodes cycliques, ou encore se remplacer en équivalence. Fréquemment il arrive que les troubles confusionnels se chronifient très rapidement et descendent progressivement, soit dans la démence précoce, soit dans la démence terminale. Leurs prévalences délirantes sont le *mysticisme* et *la persécution*. Enfin, dans un grand nombre de cas, l'épilepsie, étant une des manifestations de la constitution congénitale défectueuse, se produit sur un fond amentiel plus ou moins grave, et qui présente tous les degrés des échelles lacunaire et globale.

Les trois syndromes psychiques — amence, confusion et démence — qu'on rencontre associés à l'épilepsie, peuvent se trouver combinés chez le même sujet. Il n'est pas sans utilité d'établir la part respective de chacun d'eux, dans le complexus clinique observé. Ce diagnostic est important au point de vue des prescriptions médico-sociales. D'une façon générale, l'épileptique avec sa constitution impulsive et confuse, même en l'absence de troubles psychiques constatés, devra toujours être considéré comme insociable et dangereux. A son sujet, dans ses prescriptions tant verbales qu'écrites, le praticien devra toujours être très réservé et prudent.

Nous avons tenu l'*hystérie* pour l'état mental anormal *polycentrique*, c'est-à-dire pour l'état mental caractérisé par l'aptitude à manifester successivement ou mélangées toutes les formes de psychopathies-maladies ; on pourra donc rencontrer associées à l'hystérie toutes les variétés de psychopathies généralisées ou partielles, et avec des variétés de degré, de durée et de succession qui défient tout classement.

Le fond constitutionnel mental de l'hystérie, comme celui de l'épilepsie, mais à des degrés beaucoup moins accentués, est fréquemment amentiel dans les formes lacunaire et globale, surtout lacunaire. L'hystérie comporte la survie la plus longue qui soit et peut conduire à l'affaiblissement mental progressif, mais elle est généralement d'une résistance très grande à la démence.

Le maniérisme, la fabulation, la suggestibilité, manifestations du caractère polycentrique qui, exagéré, a été dénommé *état mental des hystériques*, transparaissent toujours au travers des états psychopathiques, en leur donnant une couleur qui permet facilement de les reconnaître. Les idées délirantes prévalent généralement dans le sens du mysticisme, de l'érotisme et de la persécution.

C'est sur ce fond polycentrique ou hystérique que se développent le plus souvent les psychoses morales et intellectuelles-morales, et que se produisent aussi tous ces troubles transitoires, dont l'allure mystérieuse a été si copieusement exploitée par les charlatans de tous les temps et qui tendent aujourd'hui à devenir l'alimentation principale — toxique et frelatée — du théâtre et du cinéma : états somnambuliques, automatismes impulsifs, états seconds, dédoublement de la personnalité. Tous ces états présentent les signes essentiels de la confusion. Ce sont, dans la condition subconsciente *la plus réduite*, les raptus confusionnels du caractère polycentrique.

MALADIES DU SYSTÈME NERVEUX. — Avec les maladies nerveuses, les associations psychopathiques sont extrêmement fréquentes. Leur description serait trop longue. Nous nous contenterons d'indiquer les plus fréquentes, et de signaler leurs particularités.

Dans les *cérébro-scléroses et les névropathies* qui peuvent se produire sur tous les fonds psychiques, on peut rencontrer toutes les formes psychopathiques qualitatives et quantitatives et il en est de même pour les *hémorragies* et les *ramollissements* cérébraux.

Les affections produites par des lésions systématisées ou diffuses de la moelle et des nerfs, *tabes, sclérose en plaques, chorée, maladie de Parkin-*

son, etc., se compliquent assez fréquemment de troubles psychopathiques, dont la forme et l'évolution n'ont rien de spécifique et sont en rapport avec la constitution caractéristique des sujets. La forme dominante est la confusion mentale avec hallucinations.

Parmi les maladies du système nerveux, l'une des plus graves et dont la fréquence paraît augmenter de jour en jour, la *paralysie générale*, comporte presque toujours des manifestations psychopathiques. Les troubles somatiques et psychiques de cette affection sont si particuliers et si impressionnants que les observateurs en sont arrivés peu à peu à les unifier, à les fondre, et que, pour le plus grand nombre, la paralysie générale *des aliénés* est devenue tout uniment la paralysie générale.

C'est au point de vue anatomique une *méningo-encéphalite chronique diffuse*, dont l'évolution peut être de très longue durée et comporter toutes les variétés de psychopathies qualitatives et quantitatives selon les types constitutionnels des sujets atteints, et selon la localisation prévalente des lésions cérébrales.

Ce qui est particulier à la paralysie générale, c'est que les troubles psychiques apparaissent nettement le plus souvent dès le début de la maladie et qu'on peut même supposer que — perçus ou non — ils sont antérieurs à toute autre manifestation morbide. Et — fait important aussi bien au point de vue pratique, qu'au point de vue doctrinal — il y aurait de très bonnes raisons de croire que les accidents psychopathiques débutent toujours par un trouble *quantitatif*, c'est-à-dire susceptible seulement d'aggravation et pour le moins *définitif*.

Le terrain de choix de la paralysie générale est la constitution anatomiquement congestive et psychiquement excentrique, d'où il suit naturellement que la forme qualitative, la plus fréquente qu'on y rencontre, est la *manie, avec prévalence d'idées délirantes de grandeur*, et ces idées de grandeur présentent toujours le caractère d'absurdité, indiquant le trouble quantitatif ou démentiel sous-jacent.

L'état maniaque, avec délire mégalique, n'est pas cependant inséparable de la paralysie générale. Il y a des cas qui évoluent complètement sans accidents psychopathiques aigus ou chroniques, et qui finissent seulement dans une démence simple et progressive. Il en est d'autres, surtout dans le sexe féminin, où se rencontrent, en proportions plus grandes que le caractère excentrique, les caractères concentrique, acentrique et polycentrique, qui sont compliqués d'états lypémaniaque, ou confusionnel, ou mixte.

La paralysie générale se produit le plus souvent chez des sujets de quantité psychique moyenne ou supérieure, qui, dans toutes les formes morbides, font une énorme dépense d'activité mentale (dynamogénie). Les paralytiques généraux présentent très rarement le fond amentiel, et, pour la plupart, ils versent rapidement dans la démence profonde.

La connaissance de la paralysie générale, et en particulier le *dépistage* précoce des paralytiques généraux, mérite toute l'attention des praticiens, en raison, non pas de moyens curatifs qui restent nuls, mais des moyens de protection et de sécurité à prendre à l'égard de ces malades eux-mêmes, de leurs familles et de la collectivité. C'est en particulier à la période prodromique de la maladie, alors que les premiers symptômes physiques et psychiques sont encore presque imperceptibles, période dite *médico-légale*, que le paralytique général, sous des apparences de bonne santé et de correction encore imposantes, est susceptible de commettre les actes les plus extravagants, les plus graves, aussi bien au point de vue civil, qu'au point de vue criminel. Un cas médico-légal que nous rapporterons dans un chapitre suivant, montre quels gros intérêts peuvent être compromis, et quelles revendications éloignées peuvent être provoquées par les actes des paralytiques généraux atteints de troubles psychiques au début, et combien aussi il est utile que le praticien se montre averti et prudent en présence de ces manifestations.

II. — Associations psychopathiques avec les maladies toxiques et infectieuses

De même que pour les maladies du système nerveux, les associations psychopathiques avec les maladies toxiques et infectieuses ne présentent, à notre sens, aucun caractère de spécificité. Il n'y a pas plus de psychose alcoolique ou menstruelle qu'il n'y a de psychose épileptique ou paralytique. Mais le rapport de cause à effet est ici beaucoup plus certain que dans les maladies organiques, et les troubles psychopatiques, lorsqu'ils se produisent, sont toujours une manifestation directe de l'intoxication ou de l'infection. Mais, n'est pas alcoolique qui veut. La constitution de caractère anormal particulièrement vulnérable aux agents toxiques et infectieux serait le caractère acentrique. Par suite, la forme psychopathique la plus fréquente serait la confusion, avec ses diverses variétés.

Et en effet, qu'il s'agisse d'intoxications exogènes, *alcoolique*, *saturnique*, *morphinique*, *cocaïnique*, ou autre, ou d'intoxications endogènes, *rénale*, *hépatique* ou *endocrinienne*, qu'il s'agisse d'infections aiguës ou chroniques *microbiennes* ou *parasitaires*, *typhique*, *tuberculeuse* ou *paludique*, la manifestation psychopathique, si elle se produit, se présente le plus souvent sous forme de confusion simple, hallucinatoire ou méningitique.

Dans les intoxications et les infections, le trouble psychopathique suit généralement la marche de l'affection générale dont il dépend, et il se peut produire sur tous les fonds psychiques constitutionnels.

La confusion apparaît d'abord sous la forme aiguë, elle récidive avec les accidents toxiques ou infectieux, elle devient chronique avec eux, et elle aboutit plus ou moins rapidement à la démence ou précoce ou terminale.

C'est dans les intoxications, particulièrement dans l'alcoolisme, ou même à la suite d'un simple excès de boissons si le sujet a une prédisposition spéciale, qu'on rencontre la forme la plus grave au point de vue des réactions sociales de toutes les psychopathies, la *confusion hallucinatoire*, dont le diagnostic n'est souvent possible que par déduction, et sous l'influence de laquelle sont perpétrés les crimes de sang les plus dramatiques.

C'est dans les infections que se produit une autre forme de confusion, dont le pronostic est le plus sombre, *la confusion méningitique*, qui est l'ancien délire aigu, et dont l'issue est le plus souvent et le plus rapidement fatale.

Au cours de certaines auto-intoxications encore obscures dans leur pathogénie, qui se produisent dans les premiers temps de la vie, ou à l'époque de la puberté, ou encore à la ménaupose, entraînant des lésions anatomiques des centres nerveux et des infirmités secondaires plus ou moins importantes, la manifestation psychopathique se montre d'emblée sous forme de trouble quantitatif. C'est ainsi que se manifeste, chez l'enfant, un état amentiel pouvant aller jusqu'à l'idiotie profonde (*idiotie paralytique* et *myxœdémateuse*), chez l'adolescent une bouffée de confusion mentale versant de suite dans la démence (*démence précoce*), chez l'adulte à l'âge critique des troubles qualitatifs généralisés ou partiels, le plus souvent confusionnels, qui guérissent parfois, mais qui le plus souvent se chronifient rapidement et finissent dans une involution démentielle prématurée.

III. — Associations psychopathiques avec les diathèses, les traumatismes et les opérations chirurgicales.

Dans les grandes diathèses qui sont vraisemblablement des auto-intoxications chroniques (goutte, diabète, arthritisme, etc)., des complications psychopathiques peuvent se manifester, mais elles ne paraissent pas avoir une fréquence particulière et leurs relations de causalité sur l'état général préexistant ne peuvent être établies le plus souvent.

Le *traumatisme physique*, en général, est considéré comme une des causes possibles de toutes les manifestations psychopathiques qualitatives ou quantitatives. Mais là encore, c'est la constitution acentrique, et après elle la constitution polycentrique, qui paraissent les plus vulnérables, et en effet c'est le plus souvent la *forme confusionnelle*, dans ses diverses variétés, qui se produit à la suite des traumatismes. Le rapport entre la gravité du trauma et celle du trouble psychique, dépend surtout de l'état de susceptibilité du sujet, il est donc éminemment variable. Souvent le rapport de causalité est difficile à établir, en raison de cette disproportion et aussi de ce fait que le trouble psychique est souvent éloigné.

Les traumatismes les plus légitimement considérés comme causes d'accidents psychopathiques sont les *traumatismes craniens*. Ces causes pourraient être non seulement directes et immédiates, mais encore éloignées et secondaires, comme dans la paralysie générale et dans certaines affections convulsives.

La question des rapports de la psychopathologie avec *la chirurgie* a pris depuis quelques années une importance croissante dans la discussion psychiatrique. A la lecture de certains ouvrages enthousiastes, on pourrait croire que toutes ou presque toutes les maladies mentales sont guérissables par la chirurgie. D'autres, au contraire, tendent à imputer à la chirurgie une lourde part dans l'étiologie des maladies mentales de toutes formes.

On a pu décrire des *psychoses post-opératoires* qui pourraient n'être que des bouffées de confusion hallucinatoire, et on a discuté sur le point de savoir si ces psychoses post-opératoires sont causées par le choc, ou par l'auto-intoxication ou l'infection consécutives au trauma chirurgical.

A notre sens il s'agit, ici comme ailleurs, des seules prédispositions individuelles. Il n'y a du reste aucun rapport constant dans les degrés de gravité entre l'opération chirurgicale et le trouble psychique subséquent.

Les troubles psychopathiques qui sont mis au

compte du choc opératoire peuvent être généralisés ou partiels, et présenter toutes les formes cliniques qualitatives et quantitatives, mais ils montrent de telles analogies de forme et de circonstances avec ceux qui résultent du choc émotionnel, qu'il est permis d'admettre que le choc chirurgical n'est en réalité qu'un *choc émotionnel*. Cette opinion s'appuierait aussi sur cette observation qu'il ne se produit jamais d'accident psychique post-opératoire chez les enfants, quelquefois seulement chez les hommes, et fréquemment chez les femmes, et qu'enfin les troubles psychiques sont en parallélisme avec le degré de susceptibilité nerveuse, d'émotivité des individus.

Il y a dans ces susceptibilités individuelles des éléments graves de discussion, dont il y aurait lieu de tenir le plus grand compte en présence des interventions opératoires, qui ne peuvent être considérées comme urgentes.

CHAPITRE V

Psychiatrie sociale

I. — Médecine légale psychiatrique

La législation du Premier Empire a reconnu
l'existence de la psychopathologie, dans les dispositions du Code pénal qui disent : « Il n'y a ni crime
ni délit lorsque le prévenu était en état de démence
au temps de l'action », et dans celles du Code civil
qui, sous une forme plus analytique, établissent
que la validité des actes est subordonnée à l'état
mental de leur auteur, et qui prescrivent l'interdiction du majeur qui est « en état habituel d'imbécillité, de démence ou de fureur ».

De ces dispositions législatives sont nées tout
naturellement les notions sociales de *responsabilité*
et *d'irresponsabilité* pénale, de *capacité* et *d'incapacité* civile. Mais il ne s'en est pas suivi, comme
la logique aurait pu le faire supposer, la reconnaissance officielle de la *médecine légale psychiatrique*, qui apparut tout d'abord comme une injure

à la Justice, voire à la médecine traditionnelle, et qui fut vivement prise à partie par l'une et par l'autre.

Il y a quelque trois quarts de siècle, des discours et des écrits d'allure pamphlétaire, qui eurent du retentissement et dont il reste encore des traces dans l'opinion publique, repoussaient avec dédain ou indignation la clinique mentale et la médecine légale, proclamant d'une façon comique qu' « il n'est aucun homme d'un jugement sain qui n'y soit aussi compétent que M. Pinel ou M. Esquirol et qui n'ait encore sur eux l'avantage d'être étranger à toute prévention scientifique ».

Peu à peu, cependant, malgré une opposition qui ne peut pas désarmer en cette matière, comme en toute autre, parce qu'elle procède de deux forces éternelles, l'ignorance et le parti pris, la notion de médecine légale psychiatrique pénétra dans les mœurs et dans la pratique judiciaire. Puisque les maladies mentales étaient admises — difficilement il est vrai — il fallait bien aussi admettre qu'il appartenait au médecin, et en particulier au médecin aliéniste, d'en discuter ; et l'expertise, dans les cas où il y a *présomption* de troubles psychiques, devint un moyen auxiliaire de la Justice en matière civile, comme en matière criminelle.

LA RESPONSABILITÉ LÉGALE. — Mais, à mesure que s'étendit et s'éclaira le champ de la psychopathologie, que s'affirmèrent les notions nouvelles de folies conscientes, d'impulsions irrésistibles, de dégénérescence mentale, de délires partiels, de faiblesse mentale, etc., et que parallèlement augmenta le ravage de la criminalité, certains aliénistes, et non des moindres, s'habituèrent à considérer la responsabilité légale comme une sorte de synthèse psychique, et à la doser par rapport au degré ou au moment psychopathique des individus, et ils imaginèrent la *responsabilité partielle* et *la responsabilité atténuée*.

Par responsabilité partielle on entendait qu'un psychopathe, par exemple, atteint d'un délire localisé, ou d'obsessions déterminées, ou de troubles transitoires, était irresponsable dans les limites de son délire, de ses obsessions ou de ses paroxysmes, et responsable dans toutes autres manifestations d'activité. Cette conception liée au sort des monomanies, intéressante au point de vue de la casuistique psychologique, était évidemment d'une application difficile ; elle n'a eu qu'une existence éphémère, et elle a aujourd'hui disparu, aussi bien du langage médical que du langage juridique.

Il n'en a pas été de même de la responsabilité atténuée. Celle-ci a fait en France, de par l'autorité de ses protagonistes, une fortune rapide. Elle consiste à admettre qu'entre les individus normaux et les malades il y a, au point de vue psychopathologique, un grand nombre d'individus, qui sont des *dégénérés*, des *demi-fous* et qui, par suite, sont légalement des *demi-responsables* dans toutes leurs réactions, justiciables de sanctions pénales différentes de celles qui sont prévues pour les individus responsables.

Le dogme de la responsabilité atténuée a été imposé à la justice et il y a quelques années une circulaire ministérielle qui, par sa forme autant que par son fond, apparaîtra peut-être à nos arrière-neveux comme une des expressions les plus curieuses de la mentalité administrative de ce commencement de siècle, enjoignit aux parquets d'Instruction de le consacrer dans leurs réquisitions et commissions d'experts. De sorte que les médecins — aliénistes ou non — sont aujourd'hui invités, toutes les fois qu'ils sont commis ou requis pour examiner l'état mental d'un inculpé, à dire, non seulement si cet inculpé, au moment de l'acte incriminé, était *en état de démence dans le sens de l'article 64 du Code pénal*, mais encore si *l'examen psychiatrique et biologique ne révèle point chez lui des anomalies mentales ou psychiques de nature à atténuer dans une certaine mesure sa responsabilité.*

RESPONSABILITÉ ATTÉNUÉE. — La doctrine de la responsabilité atténuée est sans doute *un mol orciller* pour les têtes bourrelées de scrupules, d'incertitudes ou d'opportunismes. Par elle tous les criminels ou délinquants, qui par définition sont des anormaux, peuvent devenir pour le médecin des *responsables atténués* et conséquemment pour le juge des *coupables atténués.*

Mais l'application de cette doctrine a conduit depuis quelques années à des sanctions tellement contradictoires, tellement contraires à l'intérêt majeur de la défense sociale, tellement en opposition avec notre arbitre souverain *le bon sens*, qu'une sorte de réprobation générale s'est élevée, sinon contre la doctrine elle-même, au moins contre ses conséquences.

La progression effrayante de la criminalité a été, non sans raison, attribuée en partie à l'énervement de la répression, résultant de l'abaissement, ou de la suppression des peines en rapport avec l'acceptation de plus en plus fréquente de la responsabilité atténuée.

Par suite de la difficulté pour le juge d'apprécier *le degré* de responsabilité qui n'est pas et qui ne peut être déterminé par le médecin, par suite aussi de l'incertitude, ou de l'obscurité, ou de la contradiction, au moins apparentes, d'opinions mises en opposition, les délinquants et les criminels qui ont été l'objet d'une expertise mentale sont — à crime ou délit égal — tantôt acquittés, tantôt condamnés, tantôt internés.

Il y a pire. Dans certains ressorts où l'expertise psychiatrique n'est pas en faveur, on condamne sans discussion de véritables aliénés, quelquefois tout à fait inconscients. Enfin, pour des raisons multiples dont la première est de ménager les frais de justice, dans un grand nombre de tribunaux l'expertise psychiatrique est confiée à des praticiens, médecins-légistes locaux qui, ignorant la clinique mentale, formulent des conclusions insuffisantes ou téméraires.

Cet état de choses est depuis assez longtemps déjà l'objet de vives critiques et il y a été proposé des remèdes divers, de principe ou de circonstance. En attendant une réforme qui chaque jour se montre plus désirable, le juge, avec une logique qui ne paraît pas attaquable au point de vue juridique, mais qui est absurde au point de vue médical, s'efforce de mesurer la peine à la responsabilité, et, pour être fixé sur cette mesure, il demande au médecin qui a conclu à la responsabilité atténuée, de lui indiquer avec précision le *pourcentage chiffré* de cette responsabilité fractionnée.

Il y a quelques années, la question de la responsabilité fut soumise au vote d'un congrès neuropsychiatrique, dont la majorité approuva les conclusions d'un éminent aliéniste demandant que le médecin expert ne fût plus interrogé sur la responsabilité, qui n'est pas de compétence médicale, mais seulement sur la maladie mentale. Ce fut l'occasion d'une campagne vigoureuse menée par un autre maître éminent en faveur de la *demi-folie* et de la responsabilité atténuée. C'est en réalité de ce côté que, malgré le vote antérieur du congrès, fut la victoire, et si bien qu'aujourd'hui la doctrine et l'application de la responsabilité atténuée sont comme entrées dans les mœurs. On paraît s'y être résigné comme à un moindre mal en cherchant seulement à modifier les moyens de les rendre supportables.

Pour nous le débat n'est pas clos. Sur les données cliniques que nous avons exposées, il nous paraît devoir être repris et élargi, dans le but de conduire à des conclusions plus durables.

Il faut d'abord ne pas s'égarer sur les mots. Le point gravement posé de savoir si le médecin *peut* ou *ne peut pas*, *doit* ou *ne doit pas* se prononcer sur la responsabilité n'est, comme on l'a déjà observé, qu'une vaine querelle de mots, et quant aux distinguo confus sur les termes de responsabilité légale, pénale, médicale, physiologique..., ce sont en vérité jeux d'enfant.

Il n'est pas nécessaire de démontrer que, prise au pied de la lettre, la question de responsabilité n'est point d'ordre médical. Nous savons que, considérée au point de vue moral, elle est et doit rester du domaine de la casuistique philosophique, tandis que, considérée au point de vue légal, elle appartient — pour l'instant — à la science juridique, qui elle-même l'a empruntée à la philosophie dogmatique, pour en faire la base du droit civil et pénal.

La capacité de détermination. — Mais ainsi comprise — en toute simplicité — la responsabilité n'est pas autre chose que l'estimation juridique de la *capacité de détermination*, laquelle est bien du domaine de la physiologie psychique et, par suite, de la *compétence médicale*.

Il est donc, en vérité, puéril de discuter à perte d'haleine sur le point de savoir si le psychiatre est autorisé à répondre à la question de responsabilité qui lui est posée par le juge. Il suffit pour trancher, de savoir que *responsabilité légale* et *capacité de détermination* sont deux expressions qui, l'une dans le langage juridique, l'autre dans le langage médical, ont une signification équivalente.

En matière sociologique, c'est une chose vaine pour le moins, de s'enfermer dans l'idée en ignorant ou en feignant d'ignorer la pratique. Il est peut-être oiseux de proclamer la supériorité de la doctrine du déterminisme psychologique, par exemple, sur celle du libre arbitre, où inversement, sans se préoccuper des conséquences de l'application de ces doctrines sur les conditions de la vie. Ce qui domine toutes les doctrines, c'est en définitive l'instinct social, éternel et nécessaire, de conservation et de défense.

Toutes les manifestations psychiques, dont nous avons déjà dit qu'aucune n'est complètement consciente, ni tout à fait inconsciente, mais seulement plus ou moins consciente, sont en partie sous la dépendance de deux facteurs plus ou moins inégaux, plus ou moins déterminés, plus ou moins libres ; et c'est à cette doctrine intermédiaire que s'en tient et que vraisemblablement s'en tiendra pendant de longs siècles encore la sagesse des collectivistes. Il faut considérer que l'homme normal, c'est proprement l'homme sociable ; qu'en principe les insociables, sauf le cas de maladies psychiques véritables ou de force majeure, peuvent, au moins pour le plus grand nombre, *s'ils le veulent*, ne pas nuire à la société et sont conséquemment *responsables* de leurs actes et punissables.

On peut entrevoir, comme un progrès de l'avenir désirable, l'amendement de cette doctrine vers un abandon progressif des conceptions traditionnelles, dogmatiques et primitives de bien, de mal et des applications de châtiment et d'intimidation, et vers leur remplacement par les idées plus claires, plus simples, plus objectives de *défense sociale*, de *redressement individuel*, de *prophylaxie collective*, dont nous parlerons plus loin. Mais, après comme avant, c'est à la médecine légale psychiatrique qu'appartiendra, soit *dans certains cas* comme aujourd'hui, soit systématiquement *dans tous les cas*, comme il faut l'attendre dans l'avenir, d'examiner les rapports de causalité qui existent entre les manifestations d'activité nuisible et l'état psychique intime de leurs auteurs.

Quelques doctrinaires sentimentaux, attachés au mirage verbal du déterminisme psychologique, considèrent que *tous* les hommes et *toujours* sont irresponsables de leur actes, c'est-à-dire *aliénés*. D'autres, d'un utilitarisme féroce et intégral, soutiennent qu'il n'y a aucune bonne raison de s'embarrasser de doctrines philosophiques, ni d'opinions psychiatriques, ni de sentimentalisme philanthropique, et qu'il faut s'en tenir à la simple nécessité de défense sociale, retrancher ou *supprimer* simplement, comme on fait du chien enragé, les individus à réactions antisociales.

Entre les uns et les autres, ainsi que nous l'avons dit, il y a la majorité qui s'est résignée à estimer, sur la foi de certains aliénistes, qu'entre les individus normaux responsables et les aliénés irresponsables, il y a les *demi-fous* à *responsabilité atténuée*.

Mais si l'on admet le classement des états psychiques tel que nous l'avons présenté ; si l'on admet qu'entre les normaux et les malades, il y a des individus qui ne sont ni normaux ni malades, mais *seulement anormaux*, on est porté à une opinion nouvelle pour ce qui concerne la double question de la responsabilité pénale et de la capacité civile.

Les individus *psychiquement normaux*, *sociables* par définition, *ne peuvent pas* s'objectiver par une activité antisociale : ils sont *entièrement responsables* et *capables*, parce qu'ils ont une capacité de détermination entière.

Les psychopathes, les aliénés, les malades, ceux qui sont atteints d'un syndrome pathologique nettement définissable et classable, qui ont une capacité de détermination diminuée, qui sont *insociables* au premier chef, sont aussi *complètement irresponsables* et *incapables*, pour les actes s'entend qui sont contemporains de leur état psychopathique.

ANORMALITÉ PSYCHIQUE ET RESPONSABILITÉ LIMI-
TÉE. — Entre les uns et les autres, ceux qui sont
simplement *anormaux*, qui, au moment de l'acte
considéré, ne sont pas atteints d'un syndrome psychopathique déterminé, mais qui, du fait de leur
constitution psychique, disposent d'une capacité de
détermination faible, ceux-là ont une responsabilité
limitée à certains actes, c'est-à-dire *relative*. Ils
doivent être appréciés non seulement *en eux-mêmes*, mais encore et surtout *par rapport à leurs actes*. Si ces actes sont tels que leur capacité de détermination était à leur moment insuffisante à les
déterminer socialement, ils sont tenus pour *irresponsables* et *incapables* par rapport à ces actes. Si
les actes sont tels que la capacité de détermination
de leurs auteurs est tenue pour suffisante, ils sont,
par rapport à ces actes, considérés comme *entièrement responsables* et *capables*.

Il peut sembler étrange, à première vue, que le
même individu soit considéré comme dépourvu de
capacité de détermination, irresponsable par rapport
à certains actes, et comme pourvu de capacité de
détermination et responsable par rapport à d'autres
actes. C'est cependant une opinion courante en médecine générale. N'admet-on pas en effet qu'entre
les individus bien portants, c'est-à-dire normaux,
et les malades, il en est qui sont plus ou moins faibles ou malingres et qui cependant ne sont pas des
demi-malades. N'admet-on pas, par exemple, que,
parmi ces anormaux physiques, il en est dont l'ap-

pareil respiratoire n'est atteint d'aucun syndrome pathologique et comporte, aussi bien que chez les normaux, certains exercices, tout en excluant certains autres exercices. Il en est, par exemple, qui sont entièrement capables et bien portants en tant que cordonniers, et qui sont complètement incapables comme scaphandriers.

En matière médico-légale même, cette façon de voir est depuis longtemps sanctionnée *au civil*, où la question de capacité ne se pose que par rapport à un acte donné. Ne serait-il pas logique que la même procédure fût appliquée en matière correctionnelle ou criminelle ?

L'EXPERTISE PSYCHIATRIQUE. — La justice n'a pas à prendre parti dans la diversité des doctrines philosophiques ou psychiatriques. La seule chose qu'il lui soit utile de connaître, en l'état actuel, et que seul le psychiatre a qualité pour lui faire connaître, c'est l'*état mental* de l'individu et sa *capacité de détermination* au moment d'un acte donné, et aussi, pour les cas où le psychiatre a conclu à la *non*-capacité de détermination, la *mesure de préservation sociale* qui lui paraît indiquée. Donc, en fin de compte, et bien que nous sachions le sens qu'il convient d'attacher à ce mot de *responsabilité*, il serait désirable, pour fermer la porte au fractionnement injustifiable de cette responsabilité, que le juge renonçât à ce verbe équivoque et posât à l'expert aliéniste

les questions qui suivent, plus objectives et peut-
être plus utiles :

1° Au moment de l'acte incriminé, X... était-il ou
non dans l'état de démence au sens de l'article 64
du Code pénal ? (*Démence* signifiant *état mental
morbide*, c'est-à-dire *incapacité de détermination*,
c'est-à-dire *irresponsabilité légale*.)

2° Si oui, de quelle maladie était-il atteint ?

3° Quel est actuellement l'état mental de X... ?
(*normal, anormal, morbide*).

4° (*Si anormal ou morbide.*) Au moment de
l'acte, X... possédait-il (*responsabilité*) ou ne possédait-il pas (*irresponsabilité*) la capacité de détermination ?

5° (*Si incapacité de détermination,* c'est-à-dire
irresponsabilité.) X... est-il dangereux et quelle
mesure de préservation sociale doit être prise à son
égard ?

RAPPORTS MÉDICO-LÉGAUX. — La question de responsabilité pénale et de capacité civile est objec-
tivée ci-après dans quelques résumés de rapports
médico-légaux, qui sont aussi des descriptions cliniques :

Anormalité psychique. Parricide. Responsabilité

Nous soussigné X..., ...
commis par... . . . .
pour examiner le nommé D... L., âgé de 17 ans, em-

ployé de commerce, inculpé de meurtre, détenu, et dire :

1° S'il était en état de DÉMENCE au moment de l'acte, dans le sens de l'article 64 du Code pénal ;

2° Si l'examen psychiatrique et biologique ne révèle point chez lui des anomalies psychiques ou mentales de nature à ATTÉNUER dans une certaine mesure sa responsabilité et dans quelle QUOTITÉ.

3° S'il présente quelque DANGER pour la sécurité publique, serment prêté, avons procédé à l'examen du susnommé et consigné, comme suit, le résultat de notre observation :

FAIT

Le vendredi 13 septembre, le jeune D... qui, le soir, était rentré dans la maison de sa mère à son heure habituelle, en ressortait quelques instants après et appelait un voisin pour lui dire qu'il avait trouvé sa mère morte. Ce voisin ayant constaté qu'en effet Mme D... gisait inanimée dans une mare de sang sur le palier au premier étage de la maison, s'empressait d'aller chercher le commissaire de police.

A l'arrivée de celui-ci, le jeune D..., qui était resté seul près du cadavre de sa mère, montrait un billet qu'il venait de trouver sur un petit bureau du rez-de-chaussée et sur lequel il était écrit « Mme D... s'est donné volontairement la mort. » Il exposait ensuite avec calme les observations qu'il avait faites : En rentrant à la maison, au retour de son travail journalier, il avait constaté avec étonnement que le volet de la fenêtre n'était pas clos et que la porte était fermée à clef. Ayant pénétré dans la maison, il était encore plus surpris de ne pas voir de lumière ; il allumait alors une petite lampe et s'apercevant que la porte de l'escalier était ouverte, il montait vers l'étage, voyait du sang répandu, et il trouvait sur le palier du premier étage sa mère inanimée, un couteau planté dans la gorge ; ayant arraché le couteau et ayant constaté que le corps n'était pas rigide, il était allé prévenir les voisins.

A l'instruction et près du cadavre de sa mère, D... répéta son récit explicatif avec ordre, sans manifester ni émotions ni hésitations, et il conclut par la supposition que sa mère s'était donné la mort. Mais cette supposition étant en désaccord avec la conclusion formelle du médecin-légiste, D... fut mis en état d'arrestation.

Au cours de son transfert à la prison, les agents l'ayant « cuisiné », il avait fini, après des digressions confuses à dire : « C'est juste, c'est moi. » Trois jours plus tard devant le juge d'instruction il avait fait des aveux complets, en exposant avec détails toutes les causes et toutes les circonstances de son crime. Vers midi étant au haut de l'escalier sur le palier du grenier, il s'était disputé avec sa mère sur des questions d'intérêt ; sa mère l'avait traité de « fou » ; pris de colère, il avait saisi un couteau de table qui se trouvait à sa portée, et avait frappé à la gorge sa victime qui avait roulé dans l'escalier du premier étage, après quoi il était retourné à son bureau comme d'habitude.

Le lendemain, ayant demandé d'urgence une entrevue au juge d'instruction, il avait formellement rétracté les aveux qu'on lui avait — prétendait-il — arrachés dans un moment d'énervement et d'égarement causé par son arrestation, et il avait déclaré que ses premières explications étaient toute la vérité, qu'il avait laissé sa mère vivante après le déjeuner de midi et qu'il l'avait trouvée morte le soir en rentrant à sa maison. Et depuis lors, aussi bien au cours de nos examens qu'à l'instruction, D... s'en est tenu à ces dernières explications et à l'affirmation de son innocence.

Commémoratifs

Les antécédents héréditaires de D... sont assez chargés. Une de ses grand'tantes maternelles serait morte

dans une maison de santé ; une tante du même côté aurait été neurasthénique ; un oncle paternel serait décédé
jeune d'une congestion cérébrale ; son père est mort en
état de démence à l'âge de 51 ans après un séjour de
plusieurs mois dans une maison de santé ; sa mère, malade depuis de longues années, neurasthénique, traitée
par plusieurs spécialistes, avait fait un séjour dans une
maison de santé ; au dire de son fils, elle avait des accès au cours desquels elle disputait violemment son
mari, elle se croyait poursuivie, voyait des flammes
d'incendie, se cachait sous les lits ; ces allégations sont
vraisemblables. Mme D..., que nous avons eu l'occasion
de connaître, était en effet pour le moins atteinte d'une
psychose d'interprétation dans le sens de la persécution.

D..., a été élevé par ses parents. Son père, instituteur,
l'avait mis au lycée où il suivit l'enseignement secondaire moderne jusqu'en quatrième. A la mort de son père,
la mère le retira du lycée, où il avait été un très médiocre
élève, que ses maîtres considéraient comme détraqué.
Il fut employé chez un agent d'affaires véreux, condamné
depuis pour escroqueries, qui profita de l'occasion pour
extorquer une assez forte somme à la mère D... Quelques semaines après, le jeune D... était admis comme
employé dans une maison de banque. On le tenait généralement pour un « braque » ; on se moquait de lui.
Frappé de mise à pied pour un sabotage de matériel,
puis congédié, on l'avait réintégré dans sa fonction.

Sans avoir jamais fait de maladies graves, D... ne paraît pas avoir eu une très forte santé. En 1907, il aurait présenté des accidents somnambuliques. Il avait
aussi des troubles digestifs. D... craint les aliénés, il
proteste vivement contre l'opinion que certains peuvent avoir qu'il est fou ; il se reconnaît seulement neurasthénique, et c'est dans cet état maladif qu'il trouve
l'explication un peu difficile de ses aveux. « Quand on

m'a arrêté, dit-il, ça m'a retourné, j'étais comme fou »,
l'aumônier me disait : « Vous ne vous rappelez pas, vous
avez agi dans un moment d'égarement », les agents de
la sûreté me tourmentaient, ils me disaient : « Tu n'es
qu'une mauvaise tête, un sot, tu vas aller à l'asile », j'ai
fini par dire : « C'est juste, nous étions tous les deux
neurasthéniques, mais j'aime mieux perdre la tête que
d'aller avec les fous, j'en ai trop vu avec ma mère. »

EXAMEN

D... est un garçon de constitution symétrique et
moyenne. Son attitude est calme et aisée, sa physionomie assez intelligente avec un visage pâle, l'œil brillant
et fixe, l'expression assurée.

L'examen biologique ne révèle chez lui aucune lésion
organique, ni aucun trouble fonctionnel grave. Nutrition, circulation, respiration, fonctionnent normalement,
aussi bien que la motricité, la motilité, les sensibilités
générale et spéciales et les reflexes divers. L'alimentation et le sommeil sont réguliers. On note seulement
des variations du rythme cardiaque et des trémulations
musculaires, en rapport avec des mouvements émotionnels, ou des efforts de tension psychique provoqués par
des questions embarrassantes. Car l'état d'âme qui se
manifeste chez D..., c'est la concentration, très naturelle
mais très remarquablement énergique pour un garçon
de 17 ans, de toutes les ressources mentales vers un
but unique : la démonstration de son innocence, non
pas par des effets de sentiment, mais par des raisons
et des observations de fait, exposées avec netteté, avec
une logique et une ingéniosité surprenantes.

D... parle volontiers, sans réticences apparentes. Sa
parole est généralement claire, un peu monotone, mais
assez bien timbrée, sauf dans les mⁿ .ments d'explication difficiles, où elle devient un peu trouble. La recherche méthodique de la quantité et de la qualité des

facultés psychiques ne décèle aucun degré pathologique. Les facultés supérieures ou conscientes, perception, mémoire, idéation et raisonnement fonctionnent régulièrement sans déficit comme sans troubles délirants, interprétatifs, hallucinatoires ou illusionnels ; leur superactivité seule pourrait paraître anormale. L'attention et la réflexion, malgré la richesse et l'à propos du verbe, sont certainement faibles, mais sans morbidité. Il est clair que si D... répond généralement avec justesse aux questions, c'est surtout parce qu'il a depuis longtemps parcouru et reparcouru tout le cercle des questions et des réponses possibles. Ses explications ont une tendance manifeste à l'automatisme et lorsque les questions portent en dehors du champ jalonné et repéré dans tous les coins, D... répond sans même essayer un effort : « je ne sais pas », ce qui signifie « cela ne m'intéresse pas ». Son caractère est de la forme particulière aux névrosiques et que nous avons dénommé *polycentrique*.

Du côté des facultés subconscients, D... ne présente pas de perversions, ni de déviations constitutionnelles pathologiques, mais seulement un état de faiblesse et d'indifférence générales. L'affectivité ne donne lieu à aucune réaction, l'instinctivité et l'émotivité paraissent limitées aux réactions de la conservation personnelle. Le tempérament est passif.

Ses connaissances, sans être très élevées, ont une étendue supérieure à la moyenne. Dans le domaine des idées générales, ses notions sont assez nettes. Il a une compréhension moyenne du choix, du bien, du beau, du juste, du temps et de l'espace.

On ne constate chez D... aucun signe précis de névrose, ni d'intoxication et cependant toutes ses manifestations d'activité et d'extériorisation sont marquées d'une touche de maniérisme, d'égotisme, d'exagération fabulatrice, comme dans la constitution hystérique ou pithýatique... D... discute avec beaucoup de calme et de précision les raisons pour lesquelles *ça ne peut être* ni lui-même, ni aucune autre personne qui ait tué sa mère : la disposition des empreintes relevées, l'absence de sang sur les vêtements, le lieu où est tombée la victime, l'instrument qui a causé la mort, l'absence de mobile, de vol, d'ennemis, l'existence des idées noires de la malheureuse, ses prédictions, le billet écrit par elle...

Il critique sans indulgence et sans émotion les habitudes et le caractère de sa mère... Il déclare assez gaîment qu'il dort bien, que le régime de la prison n'est pas bon, mais qu'il mange bien quand même. Il n'a pas de cauchemars, et il ne se tourmente pas de ce qui peut lui arriver ; ce sera sûrement, dit-il, l'une des quatre éventualités qu'il désigne en riant: Asile, Centrale, Cayenne ou Innocence... la guillotine il n'en parle pas, parce qu'il sait qu'on ne guillotine pas au-dessous de dix-huit ans. Et si l'on cherche à remuer son psychisme subconscient dans le champ de l'affectivité et de l'émotion, il dit des banalités sur son enfance, sur sa famille, son père, sa malheureuse mère... d'une voix lointaine et monotone, sans mimique, sans mouvement de sentiment, comme lorsqu'il parle des choses du droit et de la finance.

DISCUSSION

L'étude des faits, les renseignements commémoratifs et l'examen objectif dont l'exposé précède, permettent de déterminer ce qu'était l'état mental au moment de l'acte incriminé et actuellement.

Au moment de la mort de Mme D... — qu'elle se soit suicidée ou qu'elle ait été tuée par son fils ou tout autre — il est certain que l'état mental de D... n'était pas notablement différent de celui que nous constatons aujourd'hui. Si D... ayant tué sa mère avait été au moment de cet acte dans un état mental morbide, cet état ne pourrait être qu'une confusion aiguë hallucinatoire ou impulsive, en rapport avec une intoxication aiguë ou une névrose, ou une psychose partielle aiguë à forme émotive ou délirante. Cette hypothèse n'est pas admissible, parce qu'il n'existe aujourd'hui aucun signe d'aucun de ces états morbides, parce que tous les renseignements concordent pour démontrer que D... était le jour même de la mort de sa mère dans son état ordinaire, parce qu'aussi, et surtout, les détails fournis par D... lui-même, les précautions prises par lui avant et après l'acte, les précisions casuistiques établies par lui autant dans ses premières explications, que dans ses aveux d'un jour et dans ses rétractations ultérieures, témoignent, pour le moment considéré, d'une liberté complète de mémoire et de conscience.....

Quel est donc à l'heure actuelle l'état mental de D...? Nous avons vu qu'il ne présente, pas plus du côté du cerveau et de la fonction psychique que du côté des autres organes et des autres fonctions, aucun syndrome anatomique ou physiologique qui corresponde à une maladie cliniquement déterminée. Il n'est atteint d'aucun état psychopathique généralisé (manie, lypémanie ou confusion) ; il ne présente pas davantage un état d'infirmité mentale congénitale ou acquis (imbécillité, idiotie ou démence) ; nous ne relevons chez lui aucun signe d'une quelconque de ces psychoses partielles, qui se traduisent par l'altération fonctionnelle d'une ou plusieurs facultés de la conscience ou de la subconscience. Or, c'est dans ces états psychopathiques seulement que, médicalement, la capacité de détermination peut être considérée comme inexistante et que, légalement, ceux qui en sont atteints peuvent être tenus pour irresponsables.

D... est-il ce que l'on appelle aujourd'hui si complaisamment un *demi-fou* ? Occupe-t-il l'un des degrés de cette longue échelle des états psychiques anormaux, considérés par nombre d'aliénistes et de juristes comme entraînant pour ceux qui en sont porteurs une diminution globale, une *atténuation* de la responsabilité légale et qui, pour nous, comportent seulement une *limitation* de la responsabilité, c'est-à-dire la responsabilité pour certains actes et l'irresponsabilité pour certains autres actes? Assurément. Du fait seul de son hérédité, D... justifie déjà la présomption d'anormalité psychique — comme le plus grand nombre des délinquants et des criminels — mais il présente aussi les signes névrosiques, le caractère polycentrique, le tempérament inaffectif, que nous avons décrit, et qui sont les stigmates objectifs de l'anormalité psychique. Sa capacité de détermination est donc faible, et conséquemment sa responsabilité est *relative*, limitée à certains actes.

Il y a quelques mois nous avions eu déjà l'occasion d'examiner l'état mental de D...; il s'était approprié le portefeuille d'un client de l'établissement où il était employé. Ce portefeuille avait été perdu par son propriétaire, il contenait quelques centaines de francs. Nous avions considéré, qu'en raison de son état d'anormalité mentale, D... ne pouvait pas être considéré comme ayant la capacité de détermination pour un acte de cette nature. Nous l'avions déclaré irresponsable : l'affaire au reste n'avait pas eu de suites judiciaires.

Mais si D... est bien un anormal psychique, nous avons vu qu'il l'est à un degré léger ; nous avons vu que toutes ses manifestations psychiques, tous ses moyens de discussion et de défense témoignent d'une qualité et d'une quantité intellectuelles au-dessus de la moyenne, et que son anormalité ne se manifeste que par un certain degré d'instabilité, de satisfaction puérile, de faiblesse affective. Cet état d'anormalité psychique ne peut être considéré comme assez accentué pour supprimer la capacité de détermination et conséquemment la responsabilité pénale *pour l'acte incriminé,* c'est-à-dire pour un acte qui est le plus grossier, le plus antisocial de tous, pour un acte dont le symbole énorme et lumineux peut être objectivé par le minimum d'acuité psychique.

Conclusions

1° Au moment de l'acte qui lui est reproché D...n'était pas dans l'état de démence, au terme de l'article 64 du code pénal.

2° D...est un anormal psychique, mais à un degré qui comporte la capacité de détermination et conséquemment la responsabilité légale, pour l'acte incriminé.

Incendies volontaires. Psychose chronique de persécution. Irresponsabilité.

Nous soussigné, X..., commis par... pour examiner le nommé Z..., âgé de 35 ans, cultivateur, inculpé d'incendies volontaires, détenu et dire (*mêmes questions que dans le rapport précédent*). . . . .

Z... est un garçon de constitution robuste et symétrique, mais qui paraît plus que son âge; son attitude est un peu déprimée; sa physionomie est peu expressive; son teint est blafard; son état général est affaibli, sans présenter aucun signe d'une affection organique grave.

Il répond volontiers, mais avec un certain retard et quelque hésitation, aux questions qui lui sont posées. Sa parole est un peu trémulente, sa démarche incertaine ; les extrémités des membres et la langue présentent un léger tremblement.

Les antécédents héréditaires, et personnels de Z. ne paraissent comporter aucun cas ni fait intéressant. Il sait lire et écrire ; il a été soldat. Sans passer vraiment pour aliéné, il est depuis longtemps et généralement considéré comme bizarre. Il travaille peu, irrégulièrement et il est coutumier d'abus de boissons. Un incendie de meule s'étant récemment produit dans son pays, il a été soupçonné, puis inculpé ; il a avoué et à cette occasion, sa mauvaise réputation aidant, il a été considéré comme l'auteur possible d'autres incendies antérieurement allumés dans la région.

Ces anciens incendies, il les nie formellement et il explique que s'il a avoué être l'auteur du dernier, c'est parce qu'il *voyait*, parce qu'il *savait* que tout le monde était contre lui. S'il a donné même des détails circonstanciés, c'était pour *les* satisfaire puisque tous, *ils* l'accusaient... mais il sait bien que personne ne l'a vu, que ceux qui disent l'avoir vu ont fait un faux témoignage. Est-ce lui, n'est-ce pas lui, qui a mis le feu ? il ne peut le dire, car il ne se rappelle que vaguement ce qu'il a fait, il ne pourrait rien affirmer. Il avait bu — la chose est certaine — et il ne se souvient pas exactement de ce qu'il a signé au procès-verbal d'enquête.

Les explications que Z... donne sur le fait incriminé, sont manifestement réticentes : elles indiquent, aussi bien que l'attitude et la physionomie, qu'il y a « autre chose » et en effet Z... finit par se laisser aller à des discours qui sont l'expression non douteuse d'un état mental morbide... Les faits ne seraient rien par eux-mêmes, mais ce sont des « affaires de famille et de politique », qui remontent « à loin », dans lesquelles les parents et les aïeux ont été mêlés et dont il se trouve aujourd'hui être la victime expiatoire. Et peu à peu, plus touffues et plus confuses se déroulent des histoires qui embrassent de longues périodes, dans lesquelles figurent un grand nombre de personnes et dont la plupart expliquent des machinations invraisemblables: manifestation certaine d'un délire de persécution très ancien.

Si Z... ne travaille pas c'est qu'*on* l'empêche de travailler, s'il boit c'est qu'*on* le force à boire, si on l'accuse partout c'est qu'*on* est d'accord pour le perdre.

Ainsi s'explique et se vérifie l'opinion de ce praticien qui, ayant eu l'occasion de soigner Z... il y a quelque temps, déclarait à l'Instruction qu'après l'avoir pris pour un simple paresseux, il avait constaté certains faits qui paraissaient indiquer qu'*il n'avait pas toute sa raison*.

En plus de cet état délirant, Z... présente des troubles quantitatifs des facultés mentales. La mémoire est embrouillée, il se rappelle assez bien les faits anciens, il se perd dans le temps récent ; ses idées sont obscures et très limitées, délirantes ou non, elles ont une forme puérile ; son raisonnement est borné. Ses émotions et son affectivité sont très obnubilées.

La concordance et la continuité des symptômes observés permettent d'écarter tout soupçon de simulation.

Pour ce qui concerne le rapport immédiat de causalité entre l'état mental de Z... et le fait incriminé, il est à noter que l'inculpé était sinon en état d'ivresse, au moins certainement sous l'influence d'excès de boisson récents et à ce point de vue sa responsabilité légale pourrait être mise en discussion. Mais l'état psychopathique dont il est atteint, et qui — au moins pour une part — pourrait avoir pour cause l'intoxication alcoolique, comporte des troubles qualitatifs et quantitatifs qui sont certainement antérieurs aux actes, et qui doivent être considérés comme supprimant la capacité de détermination.

Cet état est susceptible de réactions violentes et dangereuses et présente une allure de chronicité qui en fait le pronostic particulièrement défavorable.

CONCLUSIONS

1° Z... était en état de démence au moment des actes qui lui sont reprochés, dans le sens de l'article 64 du Code pénal ;

2º Il est atteint d'une psychose chronique à forme de persécution, qui ne comporte pas la capacité de détermination, ni conséquemment la responsabilité légale ;

3º Il est dangereux pour la sécurité publique et devrait être interné dans un asile d'aliénés.

En droit civil, la question médico-légale ne diffère pas beaucoup au fond de ce qu'elle est au criminel. Au lieu de *responsabilité pénale*, il s'agit de *capacité civile* à déterminer ou à limiter, ou de responsabilité à établir pour des actes civils commerciaux ou autres, accomplis ou à accomplir et par rapport avec l'intérêt des tiers ou de leur auteur même.

L'expert, comme en matière criminelle, doit dire simplement si l'auteur d'un acte a été, est ou sera capable au moment de cet acte ou responsable de ses conséquences, ou bien encore si — indépendamment de tout acte donné — il est capable plus ou moins de gérer sa personne et ses biens. L'expertise psychiatrique au civil fait partie de la procédure de la plupart des affaires susceptibles d'être sanctionnées judiciairement par la revision, l'annulation, l'interdiction, etc. Bien que moins grave par ses conséquences possibles que l'expertise au criminel, elle pénètre cependant plus intimement dans l'administration de la justice, puisque dans certains cas, elle doit indiquer la limitation de la capacité par l'indication de la sanction (*Interdiction ou Conseil judiciaire par exemple*).

Instance d'interdiction. Etat mental normal.
Capacité civile complète

Nous soussigné, X..., certifions, à la demande formelle de M. Y..., employé de commerce, âgé de 29 ans, qui est l'objet d'une instance d'interdiction, avoir examiné son état mental et avoir consigné ci-après le résultat de notre observation, que nous avons remis à l'intéressé.

M. Y... est un garçon bien constitué, symétrique et robuste, qui au point de vue physique est dans un état de santé aussi satisfaisant que possible. La physionomie est sympathique et intelligente. Son attitude et sa tenue sont normales et aisées.

Son histoire est beaucoup plus simple et beaucoup plus saine que pourraient le faire croire certains documents joints au dossier... A l'âge de dix ans, Y... a été atteint d'une affection osseuse aiguë qui a nécessité une opération chirurgicale et un traitement prolongé, mais qui a guéri sans complication et sans même entraîner une diminution fonctionnelle appréciable. M. Y... a pu librement s'adonner à tous les sports, sans infériorité et sans inconvénient et, s'il a évité le service militaire, il paraît bien, ainsi qu'il le reconnaît lui-même, que ce n'a pas été sans certaines complaisances. A treize ans il a été envoyé en pension en Angleterre où il est resté cinq ans, puis en Allemagne où il a suivi les cours de l'Ecole Commerciale de Leipzig pendant près de deux ans. Réformé après quelques semaines de présence au corps, il s'est initié à l'industrie auprès de son père qui, après deux ans de stage dans une maison de gros, l'a conservé comme employé. Cette collaboration a duré tant bien que mal jusqu'en 18.. où père et fils se sont séparés, à la suite de difficultés relatives à des projets de mariage.

Sans qu'il soit nécessaire de juger les motifs pour lesquels le père demande aujourd'hui l'interdiction de son fils, ni de prendre parti dans le conflit qui les divise, on peut facilement dégager de faits qui sont de notoriété que, s'il n'a jamais été, comme il le reconnaît lui-même, un esprit très vif et très brillant, M. Y... n'a pas été et n'est pas davantage le débile physique et mental, qui a été représenté par ailleurs. Il a acquis des notions générales assez complètes et des connaissances professionnelles spéciales que son père, tout le premier, semble avoir appréciées en lui confiant la direction d'une partie de ses fabriques et en lui payant des appointements importants. Ils ressort des faits, aussi, que la conduite morale de M. Y... n'a été en réalité ni meilleure ni pire que celle de beaucoup de jeunes gens de son âge et de sa condition, et qu'elle n'est point marquée au signe de la *déséquilibration mentale*, ni de *la folie érotique*, ainsi qu'il a été allégué.

On peut tenir pour certain, d'après des renseignements concordants, que jusqu'au moment où son père a cru devoir faire opposition à son mariage, M. Y... s'est montré normal et moyen au point de vue mental, et cette opinion a été sanctionnée par un jugement du tribunal de..., dans cet « attendu d'autre part en fait qu'il résulte des éléments de la cause... que la demande en interdiction formée contre Y... fils n'a été qu'un prétexte imaginé par Y... père, à défaut de tout moyen d'empêchement légal, pour entraver le mariage projeté ». Et la veille même du jour où était rendu ce jugement, un médecin certifiait « d'une manière absolue que Y... fils était *très sain* d'esprit ».

Aujourd'hui l'état mental de Y... n'est pas différent de ce qu'il était au commencement de ce mois. Les facultés intellectuelles (mémoire, idéation, raisonnement, attention et réflexion), sont moyennement déve-

loppées, sans lacunes, sans faiblesses ; elles fonctionnent très régulièrement sans aucuns troubles délirant,
ni interprétant, sans anomalies sensorielles. Les facultés morales sont aussi normales. Sans doute M. Y...
n'est pas animé de sentiments très tendres pour son
père, mais il se pourrait que ce ne fût pas sans raisons
valables. Par ailleurs ses sentiments affectifs sont bien
développés, ses émotions et ses instincts ne présentent
aucun trouble de perversion, il ne laisse voir aucune
tendance impulsive, ni destructive. Son tempérament
est plutôt passif, son caractère est calme et bien équilibré. Il n'existe chez lui aucun signe de névrose convulsive au autre, ni d'intoxication aiguë ou chronique.

CONCLUSION

Dans ces conditions j'estime que M. Y... n'est atteint
d'aucune maladie mentale aiguë ou chronique, qu'il
est dans un état mental normal et moyen et qu'en
conséquence il doit être considéré comme capable de
gérer librement sa personne et ses biens.

**Instance judiciaire en responsabilité civile. Troubles
psychiques au début de la paralysie générale. Irresponsabilité.**

M. X... était administrateur-délégué d'une importante société industrielle. Peu de temps après
sa mort, survenue en 1906, la société est mise en
liquidation à la suite d'affaires désastreuses, et les
actionnaires actionnent les héritiers de M. X...,
alléguant que la déconfiture de la Société est due
aux actes imprudents et inconsidérés qui ont été
signés par M. X... au temps où il était administrateur délégué. Dix ans après, devant une juridiction

d'appel, les défenseurs soutiennent que M. X..., au temps où il engagea par sa signature les affaires qui lui sont reprochées, était atteint d'une maladie mentale et par suite irresponsable.

A l'appui de leurs dires ils présentent des témoignages écrits et des certificats médicaux décrivant en détails les faits et gestes de M. X..., et son état physique et mental se rapportant à l'époque considérée, et en 1913 ils demandent à un expert psychiatre de leur donner son avis sur les documents en question, et de répondre aux questions suivantes : 1° aux mois de janvier et février 1900 M. X... possédait-il sa raison, se rendait-il compte et était-il responsable des avis qu'il pouvait émettre dans un Conseil d'administration de Société ? 2° Son état intellectuel lui permettait-il de jouer un rôle dans un conseil d'administration de société ?

Voici résumée la réponse de l'expert :

... Si nous admettons la sincérité, l'exactitude et l'entière bonne foi de tous les documents soumis à notre examen —, et nous n'avons aucune raison de ne pas les admettre, — nous devons tout d'abord tenir pour élément important de jugement, le fait que les actes certifiés par tous les signataires, sont très nettement affirmés et concordants, et que les constatations et les conclusions formulées par le praticien, avec références de médecins spécialistes autorisés, répondent complètement à la description clinique d'une maladie nerveuse déterminée qui, à la période d'état, est une de celles qui laissent le moins de place au doute médical.

Les symptômes somatiques et psychiques rapportés

comme actuels dans le certificat de 1905 sont très exactement ceux de la *démence paralytique*, période terminale d'une maladie chronique à évolution variable, mais le plus souvent très longue, la méningo-encéphalite chronique diffuse. Ils se résument en deux termes : *paralysie générale et progressive* des motricités volontaire et réflexe et *affaiblissement progressif* également de toutes les facultés mentales. D'autre part l'interrogatoire a fin d'interdiction indique, sans doute possible, que cet état de démence paralytique, profonde, terminale, existait déjà au cours de l'année 1904.

Si M. X..., décédé en 1906, était déjà en 1904 à la période terminale de la paralysie générale, il est permis de tirer de ce fait une appréciation au sujet de l'état mental existant en 1900.

En effet, si la marche de la paralysie générale est variable dans ses formes, si sa durée atteint dans certains cas dix, quinze et vingt ans, tandis que d'autres cas évoluent en l'espace de deux ou trois ans, il y a un rapport à peu près constant entre les durées des diverses périodes de la maladie. Une période terminale par exemple, dont le minimum de durée établi aurait été d'environ deux années, supposerait comme très probable une période d'état antérieure d'une durée beaucoup plus longue. Nous dirons donc tout d'abord, en ne faisant état que des constatations médicales et légales faites en 1905 et 1904 que, vraisemblablement le malade qui fut l'objet de ces constatations était déjà en 1900, et peut-être longtemps avant l'année 1900, atteint de démence paralytique à la période désignée *période d'état*. Tous les faits rapportés dans les pièces du dossier confirment cette vraisemblance... Sans tenir pour prodromes de la maladie, les troubles nerveux et psychiques constatés par le médecin traitant dès l'année 1885, troubles qui pourraient être considérés seulement comme des signes de prédisposition, il faut rete-

nir, comme trèsimportantes indications, l'ictus apoplec-
tique signalé en 1899 et surtout au point de vue qui nous
intéresse, les lacunes de la mémoire, le puérilisme mélancolique, les idées absurdes et l'agitation incohérente
dont tout les certificateurs s'accordent à affirmer les
manifestations au cours de l'année 1899. Ces divers
symptômes somatiques et psychiques, s'ils se sont
réellement manifestés, doivent être considérés comme
pathognomoniques, c'est-à-dire comme suffisants pour
affirmer l'existence en 1899 d'une démence paralytique à la période d'état, état qui comporte l'irresponsa-
bité légale et l'incapacité civile...

Conclusions

Si M. X... était bien, ainsi que l'indiquent de façon
concordante et exacte tous les documents soumis à notre examen, en 1905 et 1904 à la période terminale et
en 1899 à la période d'état d'une démence paralytique,
maladie chronique, permanente et progressive, il nous
en faut conclure, dans les conditions actuelles de notre
expérience : 1° que, aux mois de janvier et février 1900,
M. X... se trouvait dans un état mental pathologique
et qu'il n'avait pas la capacité de détermination, c'est-
à-dire qu'il n'était pas responsable, en particulier pour
ce qui concerne des avis à émettre dans le Conseil
d'administration d'une Société ; 2° que son état mental
ne lui permettait pas de tenir raisonnablement un rôle
actif dans un Conseil d'Administration.

L'énumération et le classement des cas médico-
légaux, qui peuvent être soumis à l'examen de l'expert sont aussi difficiles à présenter pour la matière
criminelle que pour la matière civile. Les anormaux
psychiques et les psychopathes peuvent se rencontrer comme *auteurs* ou *complices* de tous les actes

antisociaux, crimes ou délits ; ils peuvent se trouver dans toutes les circonstances de la vie civile industrielle, commerciale, comme *objets* de revendications diverses. La question de responsabilité ou de capacité est donc susceptible de se poser dans tous les cas et dans toutes les formes cliniques.

Mais, ainsi qu'on l'a vu déjà, à chaque état mental anormal ou morbide correspondent plus particulièrement certains délits, crimes ou actes antisociaux. Dans la ligne psychopathique, les crimes de sang sont surtout le fait de la *confusion hallucinatoire* et de la *pychose de persécution*, tandis que, dans la ligne anormale, ces mêmes crimes sont généralement commis par les individus à *caractère acentrique* ou *égocentrique*. Les crimes et délits contre la propriété et les délits contre les personnes sont surtout accomplis par les anormaux *excentriques* et *polycentriques* et par les malades atteints de *manie, d'amence* ou de *démence*.

Et quant aux actes de la vie civile qui peuvent être tenus pour nuisibles aux individus ou aux tiers et en rapport avec une incapacité mentale, ils ne présentent aucun caractère de spécificité, en raison de leur diversité et de leur complexité ; le plus souvent cependant ils sont le fait d'individus frappés d'*infirmité mentale* (amence ou démence) et plus particulièrement de démence organique au début (*démence paralytique* ou *sénile*).

La pratique médico-légale psychiatrique est plus délicate encore et plus difficile que la pratique clinique. Le praticien, qui n'aurait pas une connaissance toute spéciale de la psychopathologie, c'est-à-dire qui n'aurait pas été attaché, au moins comme interne, à un service d'aliénés ou qui, dans le milieu où il exerce, ne se sentirait pas assez libre dans son observation et dans son jugement, fera bien, autant dans l'intérêt même de son client, que dans l'intérêt des tiers et dans son propre intérêt, de décliner toute mission qui l'obligerait à répondre *seul* à la question de responsabilité, aussi bien au civil qu'au criminel.

En droit civil les parties ont bien, il est vrai, la faculté de récuser l'expert nommé ou de faire une contre-expertise, mais il n'en est pas de même en matière criminelle et les conséquences de l'expertise médicale peuvent être en ce cas immédiates, définitives et irréparables.

C'est pour ces graves raisons, que les Congrès de Psychiatrie ont à plusieurs reprises — et sans succès, disons-le — émis le vœu qu'en matière criminelle l'expertise psychiatrique ne puisse être confiée par le juge qu'à des médecins dûment spécialisés.

Les états psychiques au point de vue légal

État normal	Capacité civile entière. Responsabilité pénale entière.
État anormal	Capacité civile limitée. Responsabilité pénale limitée.
État pathologique	Capacité civile nulle. Responsabilité pénale nulle.

II. — La Défense sociale

Le médecin ne peut plus s'enfermer dans les formules étroites d'un traditionnalisme très respectable, mais suranné. Qu'il le veuille ou non, il est devenu et il deviendra chaque jour davantage un agent, le plus important peut-être, de la défense collective et du progrès social, tout en restant le protecteur né des droits et des intérêts physiques et moraux de l'individu.

Mais les droits et les intérêts de l'individu sont bornés par les nécessités de plus en plus impérieuses de la défense collective et la maladie, sous toutes les formes est en fin de compte le plus grand danger qui frappe et qui menace la collectivité. Le médecin doit donc non seulement soigner et essayer de guérir l'individu, mais encore et surtout, car l'intérêt social passe avant l'intérêt particulier, s'employer à préserver la collectivité de la maladie et de ses effets immédiats et lointains.

C'est ce que fait le praticien quand, à côté du traitement du malade psychopathe, il accomplit l'acte nécessaire au *placement* par la famille ou à l'*internement* administratif de ce malade dans une maison de santé publique ou privée, et c'est aussi ce que fait l'aliéniste qui, continuant à soigner le malade, le retient retranché pendant tout le temps qu'il le considère comme dangereux pour lui-même et pour les autres.

LA NOCUITÉ SOCIALE. — Les moyens légaux de défense sociale sont à l'heure actuelle et depuis longtemps tout entiers contenus dans les dispositions du Code civil qui suppriment ou limitent la capacité de l'individu considéré comme atteint d'un « état habituel d'imbécillité, de démence ou de fureur », et dans les dispositions de la loi du 30 juin 1838 qui arment les Préfets du pouvoir d'interner d'office dans les asiles les aliénés « reconnus dangereux pour la sécurité publique ».

Ce qui a été dit précédemment nous a déjà montré l'insuffisance de ces moyens de défense sociale, surtout en matière criminelle. Empêcher l'individu de *répéter* un acte antisocial apparaît déjà comme insuffisant : il faut surtout prévenir cet acte et le rendre impossible, c'est-à-dire élargir la notion de *nocuité*. Il faut considérer comme *dangereux* par exemple, non seulement celui *qui a tué*, mais aussi et surtout celui qui, de par son état mental, est *en instance* de tuer. La défense sociale appelle l'application de mesures préventives à l'égard des malades atteints de troubles psychiques et susceptibles de réactions dangereuses, c'est-à-dire aliénés.

La liberté individuelle est actuellement protégée, dans le monde par des enquêtes de police dont le principal aliment est fait de bavardages, et, dans les établissements d'*aliénés* par des visites plus ou moins périodiques de fonctionnaires délégués et de commissions panachées, dont l'activité ne saurait avoir d'autre résultat que d'exciter les délires et de déchaîner les potins. En dernière analyse, toutes les autorités individuelles et collectives, administratives et judiciaires ne peuvent que s'en rapporter au médecin qui reste le maître de la liberté individuelle.

La liberté individuelle. — Les complications judiciaires, administratives et médicales, si laborieusement édifiées dans les projets de réforme de la loi de 1838 pour protéger la liberté des individus contre les médecins, pourraient bien n'être qu'erreurs d'observation et de logique. L'intérêt de la *liberté individuelle*, tout aussi bien que ceux de la *défense sociale* et de la *thérapeutique mentale*, réclame la suppression de toutes les mesures d'*exception* pour le placement des psychopathes dans les établissements spéciaux. Le contrôle doit porter, non pas sur le placement lui-même, mais sur le *maintien* du placement dans les établissements. Le contrôle, au lieu d'être une simple formalité, doit être un acte hâtif, réel, de compétence.

Tous les malades atteints de psychopathies devraient être traités dans les établissements spéciaux comme tous les autres malades, qu'ils soient *dangereux* ou *non dangereux*. Mais ceux qui sont *dangereux*, c'est-à-dire susceptibles de mettre en péril la sécurité et la morale publiques, ou de porter atteinte à la liberté, ou à l'intérêt légitime des autres, devraient être *retenus d'office* et soumis à des mosures de surveillance, en rapport avec leur degré de nocuité.

Ce que nous avons dit de la législation et de l'assistance nous a déjà montré combien en France la pratique est loin de ce programme, et — ce qui est plus grave — combien elle tend à s'en écarter davantage.

Il n'est pas sûr que la loi de 1838 ait à porter le poids d'une seule séquestration arbitraire réelle. Par contre, la banale chronique enregistre tous les jours des séquestrations familiales, faites hors la loi. Quels sont en fin de compte les motifs de cette vieille querelle ? Ils sont au nombre de deux : le rôle administratif des préfets considérés comme des agents politiques, et l'existence des maisons de santé privées. Ces motifs ont du poids : leur suppression doit être la base d'une législation nouvelle. Les maisons de santé, toutes sans exception et surtout celle qui ne « reçoivent ni aliénés ni contagieux », doivent être l'objet d'une surveillance et d'un contrôle efficaces, dont ne sauraient souffrir que les cliniques suspectes, et quant au *placement d'office* dans les cas exceptionnels, et au *maintien* du placement des *aliénés dangereux*, c'est à la justice, et non à l'administration, qu'il appartiendrait logiquement de les ordonner.

Chose curieuse ! Ce qu'on reproche surtout à la législation actuelle et ce qui fait le principal objet de tous les projets de loi nouveaux, c'est le manque de protection de la liberté individuelle, et, en réalité, c'est surtout la défense sociale qui *n'est pas assurée*. Les observations que nous avons faites au triple point de vue de la clinique, de l'assistance et de la médecine légale, l'ont déjà montré.

ORGANISATION DE LA DÉFENSE SOCIALE. — L'organisation publique est plus insuffisante encore au point de vue de la défense sociale, qu'au point de vue médical. Conflits de sentiments obscurs et d'intérêts confus, conceptions hybrides des demi-maladies, des demi-folies, des demi-responsabilités, régimes des asiles-prisons et des colonies familiales, ne seraient que des illusions. Au point de vue de l'intérêt collectif, il n'y a que des *sociables* et des *insociables*. Les insociables sont malades ou non malades ; malades, leur place est à l'asile : non malades, à la prison. Entre l'asile et la prison, il n'y a pas de place pour un troisième organisme. Mais les asiles devraient être tout autre chose que ce qu'ils sont généralement aujourd'hui.

ASILES DÉPARTEMENTAUX ET ASILES DE SURETÉ. — Les grandes agglomérations de malades et d'anormaux psychiques ne sont pas seulement mauvaises ; il faudrait les considérer comme *impossibles*, et, non seulement s'opposer à ce qu'il s'en formât de nouvelles, mais encore prendre des dispositions pour assurer la *disparition progressive* de celles qui existent actuellement ; il est nécessaire — médicalement aussi, nous l'avons déjà vu — que, dans un délai donné, chaque département soit pourvu *sur son territoire* d'un ou de plusieurs établissements pour le retranchement des insociables, malades ou anormaux, des deux sexes et à raison de un établissement pour 500.000 à 600.000 habitants par exemple. Et chaque établissement doit être organisé pour recevoir toutes les catégories et tous les âges, c'est-à-dire comprendre un *asile* pour le retranchement des insociables chroniques, *une colonie agricole et des ateliers* pour ceux qui peuvent travailler sous une liberté surveillée, un *quartier de force* pour ceux qui sont difficiles ou dangereux, *un hôpital* pour le traitement de ceux qui sont atteints de psychopathies aiguës, *un quartier-médico-pédagogique* pour les enfants déficitaires perfectibles, *un pensionnat* pour ceux que leurs ressources permettent de faire bénéficier de régimes spéciaux.

En principe et par définition tous les individus, enfants comme adultes, qui sont atteints d'états psychopathiques aigus ou chroniques, congénitaux ou acquis, sont dangereux. Il faut cependant pour les possibilités de la pratique sociale faire un choix. Nous considérerons comme *dangereux*, non pas seulement ceux qui ont commis un acte antisocial grave, ce qui serait arbitraire simplement, mais tous ceux dont les antécédents et la constitution psychique indiquent comme *très probables* les réactions antisociales. Et nous tenons pour *très dangereux* ceux pour lesquels cette probabilité touche à la certitude et dont les réactions motrices exigent des moyens de surveillance et de contention *spéciaux*.

Pour les *très dangereux*, on s'accorde à reconnaître que leur maintien dans les asiles ordinaires est impossible et qu'ils devraient être réunis dans des établissements spéciaux, qu'on pourrait désigner sous le vocable *asiles de sûreté*. Ces établissements régionaux devraient être créés et dirigés par l'État, et non par des ententes interdépartementales ; leur régime devrait être strictement cellulaire.

Les classements que nous avons faits, en opérant sur des groupements de malades internés dans des conditions différentes de milieux, nous ont indiqué que la proportion des dangereux ne dépasserait pas 17 %, soit 2 % pour les très dangereux et 15 % pour les dangereux. Il y aurait là une indication pour l'importance respective à donner aux asiles de sûreté *à créer*, et aux quartiers de force *à organiser* dans les asiles départementaux. Ces chiffres indiquent en même temps la proportion des psychopathes de toutes catégories, qui seraient de par leur nocuité reconnus justiciables du *maintien ordonné* par la justice dans les établissements publics.

Examen psychiatrique des délinquants et des criminels. — Enfin si l'on tenait compte de cette observation que les insociables agissants, malfaisants, sont, pour un grand nombre au moins, des psychopathes ou des anormaux psychiques dont la capacité de détermination est à apprécier, on serait amené à admettre que l'examen psychiatrique devrait être une des formalités *obligatoires* de l'instruction judiciaire, dans toutes les affaires de crimes et de délits.

III. — La prophylaxie et l'hygiène mentales.

Devant les désastres de l'heure actuelle, dépopulation et diminution du coefficient vital humain, il ne suffit plus à la sociologie et à la médecine de s'employer à l'amélioration des conditions d'existence des collectivités : il leur faut rechercher d'urgence des moyens de salut. Il n'y a plus que quelques rêveurs obstinés pour croire que la natalité dépend de mesures législatives, ou fiscales, ou confessionnelles. La limitation de la natalité est une manifestation de l'évolution du progrès économique, aussi impossible à modifier que la marche des planètes. Il n'y a contre ce mal qu'un remède utile, et il consiste à compenser la diminution inévitable de la *quantité* humaine par le relèvement progressif de sa *qualité*. Il s'agit simplement de faire un monde nouveau par l'application d'un ensemble de méthodes que nous ne faisons encore qu'entrevoir et dont les principaux moyens sont la *prophylaxie* et l'*hygiène*.

Du lot des calamités contemporaines se détache

chaque jour avec plus de netteté la montée des psychopathies de toutes formes et de tous âges avec leurs manifestations de déchéance et de dislocation sociales. Il apparaît que le vieux aphorisme latin, qui servait d'enseigne à toutes les entreprises de relèvement humain depuis un demi-siècle, demande à être revu et complété ; il ne suffit pas que le *corps soit sain* pour que le *psychisme soit... normal.* Le physique et le psychique doivent être soignés et cultivés *l'un et l'autre,* et non pas seulement *l'un par l'autre.* Il y a une *prophylaxie et une hygiène mentales* dont il faut établir le code ; car, en fin de compte, la valeur sociale de l'individu dépend autant et plus peut-être de sa force psychique, que de son énergie physique.

PROPHYLAXIE SOCIALE. — Les milieux de culture, les modes de propagation, les effets sociaux étant en partie les mêmes pour les maladies psychiques que pour toutes les autres maladies, les méthodes prophylactiques se confondent en partie avec celles qui sont déjà en vigueur pour les maladies communes. C'est ainsi, par exemple, que la guerre au taudis et à l'alcool et l'amélioration des conditions du travail, de l'alimentation et de la culture physique, qui ont pour résultat certain de diminuer progressivement les ravages de la tuberculose, tendent en même temps à diminuer toutes les infirmités et toutes les maladies mentales.

Mais il y a lieu, dès maintenant, d'envisager

l'application des moyens propres à lutter *directement* contre la production et la propagation des maladies mentales. L'évolution inquiétante des mœurs populaires fait paraître l'étude d'une prophylaxie spéciale comme étant de la plus extrême urgence. La société, par l'intermédiaire des pouvoirs publics, a interdit la circulation et la vente du biberon meurtrier ; elle doit tout aussi énergiquement interdire la circulation et la vente des spectacles, des journaux et des livres qui, par l'intermédiaire des sens, *empoisonnent le cerveau* humain pendant le temps de son évolution.

Règlements rigoureux sur l'hygiène et l'éducation mentales publiques des enfants ; *sanctions sévères* contre les parents ou tuteurs qui n'observent pas ces règlements ; *interdiction absolue*, pour les enfants de six à seize ans, de l'accès des spectacles publics malsains, débits de boissons, music-halls, théâtres, cinémas, etc. ; fréquentation scolaire EFFECTIVEMENT obligatoire pour les enfants de six à treize ans ; création d'un enseignement instructif et moral, POSTSCOLAIRE ET OBLIGATOIRE aussi, pour les enfants de treize à dix-huit ans : tels sont les points les plus urgents d'un programme de prophylaxie mentale sociale. Et pour préparer l'application aussi proche que possible d'une hygiène mentale individuelle, il faut encore et surtout réaliser l'adjonction à tous les programmes publics d'un enseignement méthodique et pratique de la *pédologie* et de l'*hygiène mentale*, qui est utile aux deux sexes et qu'il faut considérer comme *indispensable* pour la femme.

S'il est urgent de rendre la fréquentation scolaire effectivement obligatoire au degré primaire, il faut aussi que cet enseignement dispose d'une organisation rationnelle et complète.

Dans les enseignements primaire, secondaire et spéciaux, les maîtres, les méthodes et les programmes, très discutables et discutés au point de vue psycho-physiologique, ont été faits pour les sujets normaux ou moyens au point de vue mental : bons ou mauvais ils sont — en tous cas — insuffisants, parce que tous les enfants ne sont pas moyens ou normaux. Nous avons vu déjà qu'il faut compter dans la population scolaire une proportion de 5 à 8 °/₀ d'anormaux psychiques de divers degrés. Actuellement cette proportion d'anormaux psychiques, qui se continue à tous les âges et dans tous les milieux, c'est le poids mort de la société, le terrain de culture de la nocuité sociale, ou au moins de l'inutilité ! Il n'en devrait pas être ainsi. Les enfants anormaux ne sont pas *à priori* des non-valeurs ; les expériences, enregistrées par la médico-pédagogie, permettent d'affirmer qu'ils peuvent évoluer en s'améliorant, en se redressant jusqu'à — pour un certain nombre — se rapprocher de l'état normal, de l'état sociable. Mais à la condition indispensable d'être éduqués dans des *organismes spéciaux* et par des *maîtres spécialisés*.

Le dépistage des anormaux psychiques doit être

fait par *un code d'hygiène scolaire* avec inspection médicale psychiatrique rigoureuse, fonctionnant aussi bien pour l'enseignement secondaire que pour le primaire, aussi bien dans les établissements privés, que dans ceux qui dépendent de l'Université.

Pour l'enseignement secondaire, la chose est simple : son accès sera nettement *interdit* à l'enfant psychiquement anormal, qu'il ne pourrait qu'aggraver. Il ne devrait exister et, pour le moins, il ne devrait être maintenu dans aucun lycée ou collège de garçons ou de filles, aucun élève reconnu psychiquement anormal.

Éducation des anormaux. — L'enseignement primaire, au contraire, est très accessible au plus grand nombre des enfants anormaux, lorsque ceux-ci sont soumis à des méthodes spéciales. Leur séparation du milieu normal est indispensable, non seulement pour eux-mêmes, mais aussi et surtout pour la collectivité commune. Il n'y a pas en effet de maladies, même quand on les appelle anomalies, qui soient plus dangereusement *contagieuses* que les maladies mentales. Le mélange des normaux et des anormaux dans les classes primaires est certainement un des plus grands dangers sociaux de notre époque, et la loi du 15 avril 1909, qui a prescrit les conditions d'organisation de l'enseignement aux anormaux, aurait été sans doute la plus utile des lois, si elle n'avait eu le tout petit défaut, —

comme beaucoup d'autres lois, hélas! — de n'être pas impérative, c'est-à-dire d'être lettre morte.

HYGIÈNE MENTALE INDIVIDUELLE. — Et l'on arrive, pour finir, à cette grande chose de l'avenir, qui apparaît dès maintenant comme le premier et le dernier mot de la psychologie médico-sociale : l'hygiène mentale individuelle. On commence à préparer, dans la confusion inévitable des idées neuves, l'édification d'un code de l'hygiène mentale, comme il a été fait déjà pour l'hygiène physique. Les prescriptions de ce code devront être appliquées à l'éducation de l'enfant depuis le jour de sa naissance jusqu'à la fin de son évolution par ses générateurs et ses éducateurs, et plus tard l'individu évolué les appliquera sur soi-même.

Par la mise en pratique de méthodes faciles, de moyens simples que recherche la *pédologie* dans tous les milieux sociaux, on verra la mère de famille, la grande sœur, la nourrice, *diriger et surveiller le psychisme de l'enfant*, comme déjà elles surveillent et dirigent sa digestion ; l'enfant devenu adolescent fera, sous la tutelle des parents ou des maîtres, de la *culture mentale* comme il fait aujourd'hui de la culture physique ; adulte il saura continuer à soigner la fonction de son cerveau, aussi bien que les autres fonctions organiques et il fera complètement et sans effort l'application de l'*eugénique*, dont le programme est en préparation.

C'est là une science nouvelle, capitale, dont

la méthode n'est pas encore dégagée, qui se confond à son départ avec l'hygiène physique, qui comme l'hygiène physique devra comporter un programme rationnel en rapport avec les divisions naturelles physio-psychologiques de la matière à traiter, avec les âges, avec les états des sujets, avec les conditions d'ambiance, de climats, et dont les directions principales découlent de la connaissance du mécanisme et de l'évolution psychiques.

PROGRAMME DE L'HYGIÈNE MENTALE. — Sur la base solide de l'hygiène des sens, le programme de l'hygiène mentale se déroulera dans l'ordre méthodique qui nous a conduits à la connaissance du psychisme normal et ses chapitres se superposeront à ceux de la psychopathologie générale : hygiène des sensations, hygiène des facultés de la conscience et de la subconscience, hygiène des activités réflexe et volontaire.

Il suivra pas à pas les temps physiologiques du développement psychique et comprendra : l'hygiène de la première enfance (de 0 à 1 an) qui sera simplement mais rigoureusement *le triage et le filtrage des sensations ;* l'hygiène de la deuxième enfance (de 1 an à 3 ans) qui réglera *l'association des sensations et des mémoires ;* l'hygiène de la troisième enfance (de 3 à 6 ans) qui s'appliquera au *classement des idées* et à la discipline de l'attention ; l'hygiène de la quatrième enfance (période scolaire de 6 à 12 ans) qui assurera *l'équilibre de la réflexion, du raisonnement, du sentiment* et *de la volonté* ; l'hygiène de l'adolescence (pour les jeunes de 12 à 16 ans) qui sera une *culture raisonnée de toutes les facultés*, et enfin l'hygiène des adultes qui sera comme une synthèse des acquisitions antérieures, une *application subconsciente* et faite de toute l'éducation hygiénique reçue pendant les âges de l'évolution.

L'hygiène mentale aura pour objet de maintenir le psychisme en état de santé normale et aussi, dans les cas d'anormalité, d'aider au redressement du psychisme.

Cet état de santé psychique normale, vers lequel doivent tendre tous les efforts individuels et collectifs, c'est, comme nous l'avons vu, l'*état sociable*, c'est-à-dire l'état mental dont toutes les manifestations actives sont à la fois belles, bonnes et utiles à l'individu et à la collectivité humaine : c'est proprement l'*état moral*, et c'est ainsi que l'hygiène mentale peut apparaître, à son aurore, comme devant être la morale universelle de demain.

TABLE DES MATIÈRES

CHAPITRE PREMIER

CHAPITRE II

**Psychopathologie qualitative. Maladies générali-
sées** 59

CHAPITRE III

Psychopathologie qualitative. Maladies partielles. 104

MAYENNE, IMPRIMERIE CHARLES COLIN